KAWAII ZEICHNEN LERNEN

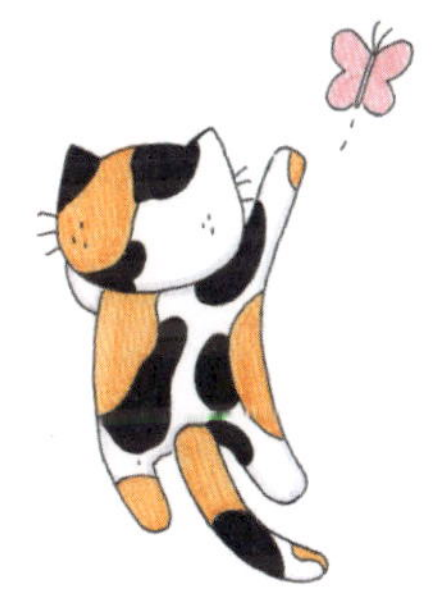

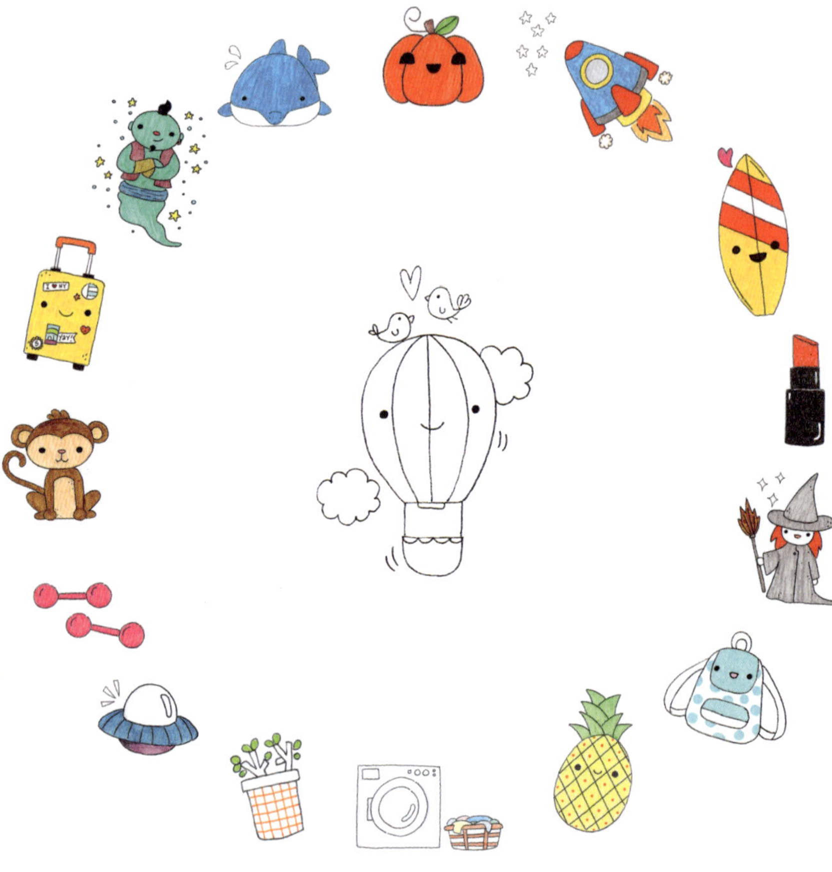

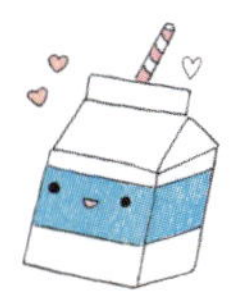
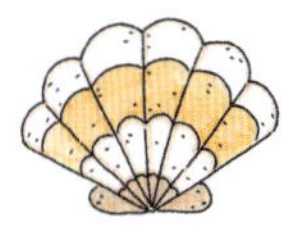

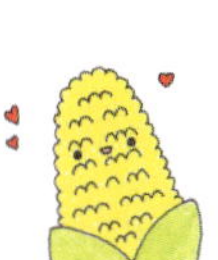
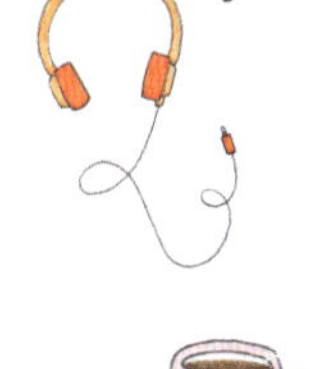

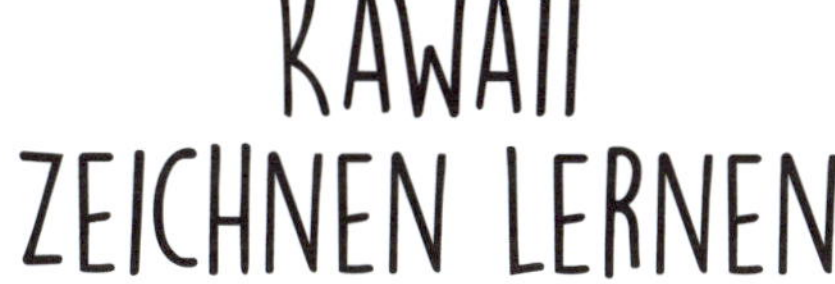

KAWAII ZEICHNEN LERNEN

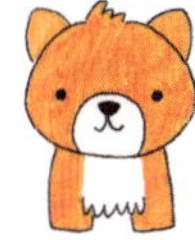

Über 100 witzige und süße Zeichnungen

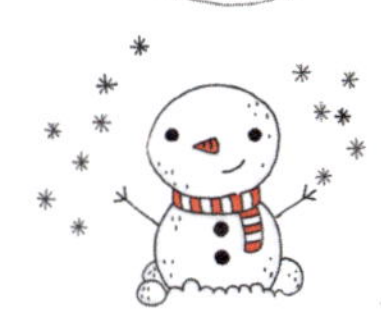
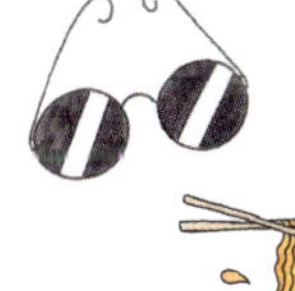

Sarah Alberto

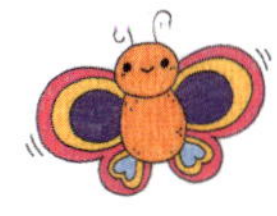
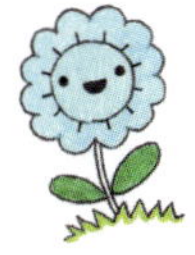
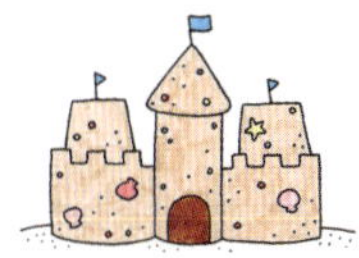
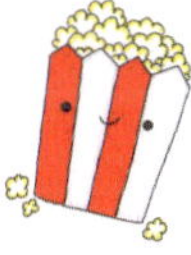

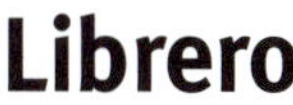
Librero

Originaltitel: *Cute Kawaii Doodles*

Postbus 72, 5330 AB Kerkdriel

Niederlande

Herausgeberin: Samantha Warrington

Artdirection: Martina Calvio

Redaktion: Kate Burkett

Design: Karin Skånberg

Aus dem Englischen von Anika Seemann

(für iMport/eXport)

Lektorat und Satz: iMport/eXport

Gedruckt und gebunden in China

ISBN: 978-94-6359-885-9

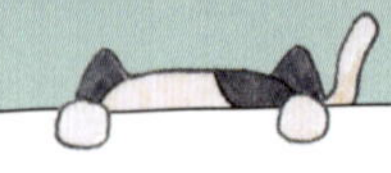

INHALT

KAPITEL 3: TIERE 80

KAPITEL 4: FANTASIE 110

KAPITEL 5: JAHRESZEITEN UND FEIERTAGE 142

KAPITEL 6: ALLTAG 182

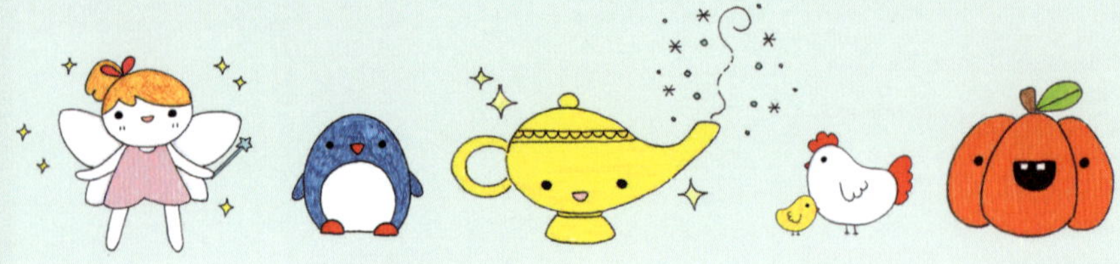

ÜBER SARAH

Hallo, mein Name ist Sarah. Ich bin eine freiberufliche Illustratorin und Hausfrau und Mutter aus Sydney, Australien. Kunst war schon immer meine Leidenschaft, aber erst 2015 habe ich angefangen, sie ernster zu nehmen und einen YouTube-Kanal unter dem Pseudonym *Doodles by Sarah* zu erstellen.

Als ich online aktiver wurde, wuchs meine Liebe zu Kunst und Kunsthandwerk. Ich probierte verschiedene Arten von Scrapbooking aus, wie Project Life und gemischte Medien-Kunst. Danach probierte ich Kunsttagebücher aus und tauschte sogar Snail Mail mit anderen Schreibwarenliebhabern.

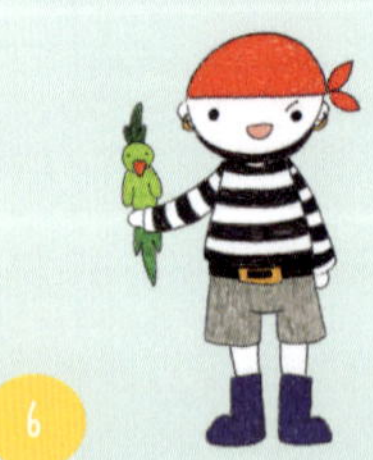

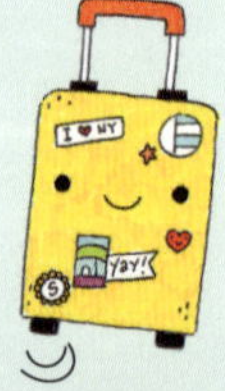

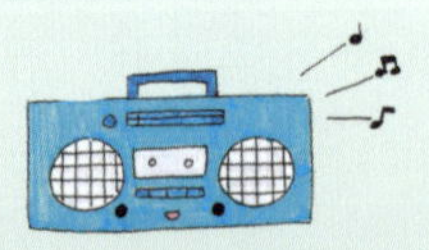

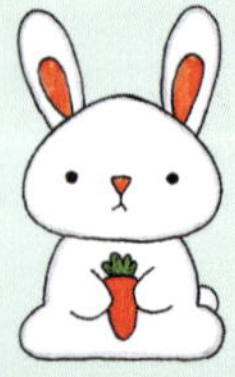

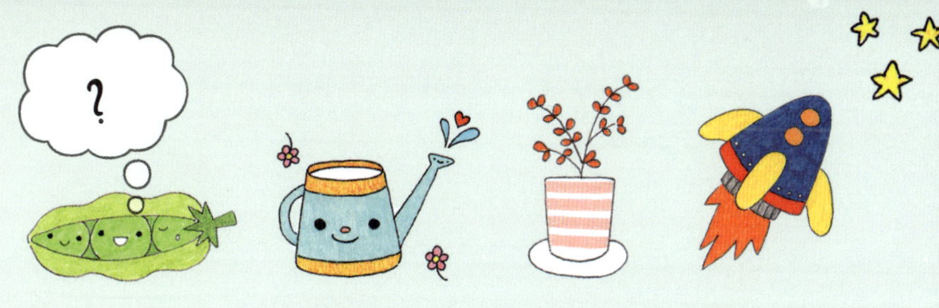

Als ich anfing, in meinen Planer zu zeichnen, erhielt ich eine Menge Aufmerksamkeit.

Meine Anhänger schienen mir zuzustimmen, dass die Verzierungen meines Planers mit meinen Zeichnungen günstiger sind, als Aufkleber und Stempel zu kaufen. Also beschloss ich, die Inhalte auf meinen YouTube-Kanal als Doodle-Tutorials hochzuladen. Meine Ideen für meine Videos sind von meinen Kindern und meinen Abonnenten inspiriert, die meine Kunst immer unterstützen und mir neue Vorschläge unterbreiten.

Meine Zeichen-Reise hat gerade erst begonnen und ich freue mich darauf, Dinge zu lernen und mit anderen Menschen zusammenzuarbeiten, die eine Leidenschaft für Kunst und Handwerk haben.

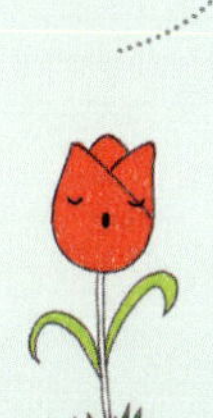
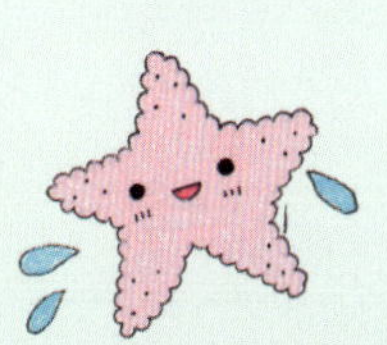
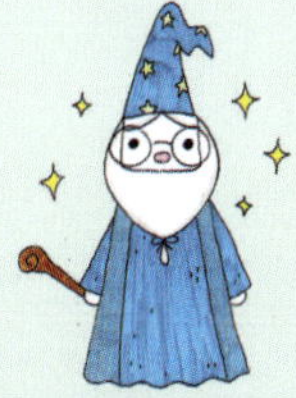
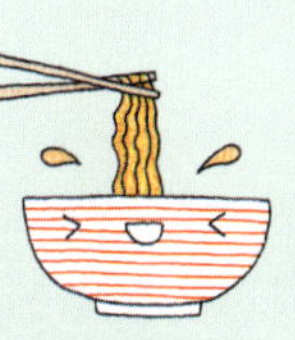
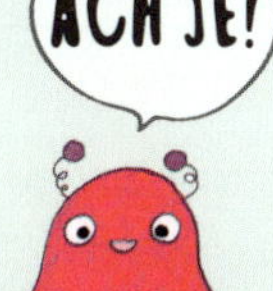

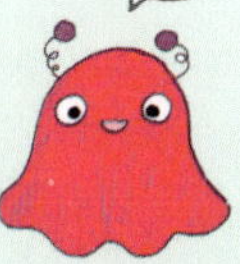

VERWENDETE MATERIALIEN

WERKZEUGE ZUM ZEICHNEN

SARASA GELSCHREIBER (SCHWARZ)

Zum Zeichnen meiner supersüßen Figuren verwende ich mein Lieblingswerkzeug, den Kugelschreiber – insbesondere einen Gelschreiber. Kugelschreiber sind universell, erschwinglich und vielseitig und ermöglichen kleine Details, um scharfe Linien zu zeichnen. Genau wie Fineliner gibt es Kugelschreiber mit verschiedenen Spitzen – meine Favoriten sind 0,5, 0,7 und 0,38.

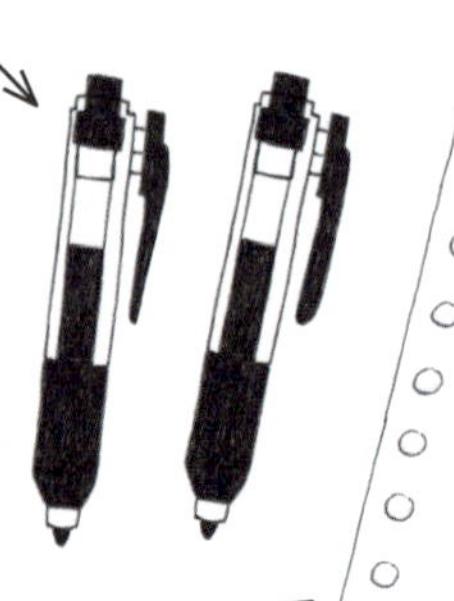

BLEISTIFTE

Alle Zeichnungen in diesem Buch sind so gestaltet, dass sie wirklich einfach sind, aber wenn du dich bezüglich ihrer Fähigkeiten unsicher fühlst, ist es immer am besten, deine Skizzen mit einem Bleistift zu beginnen. So kannst du Fehler leicht ausradieren und neu beginnen.

PAPIER

Ich bin ein großer Fan von kariertem Papier, denn die Linien dienen als Hilfslinien. Du kannst jedoch auch anderes Papier verwenden – in diesem Buch gibt es viel leeren Platz zum Üben.

WERKZEUGE FÜR DIE FARBGEBUNG

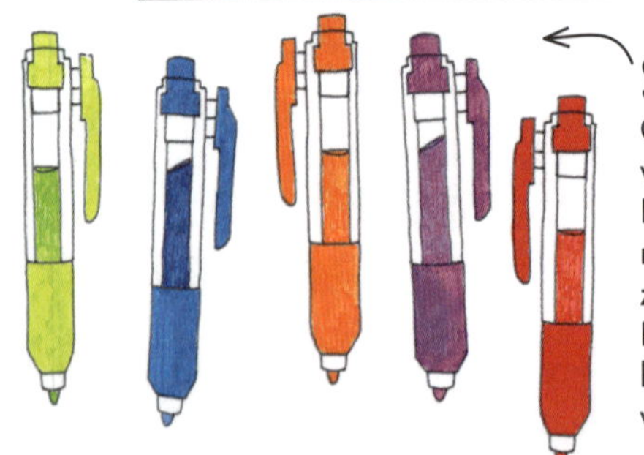

SARASA GELSCHREIBER

Gelschreiber gibt es in vielen verschiedenen Farbtönen. Ich verwende sie, um die meisten meiner Zeichnungen zu kolorieren, da sie meiner Kunst einen wirklich schönen handgezeichneten Eindruck verleihen.

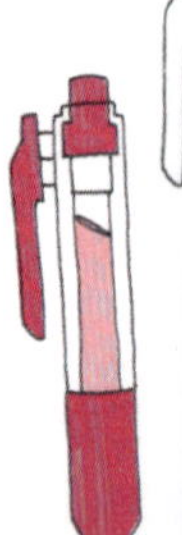

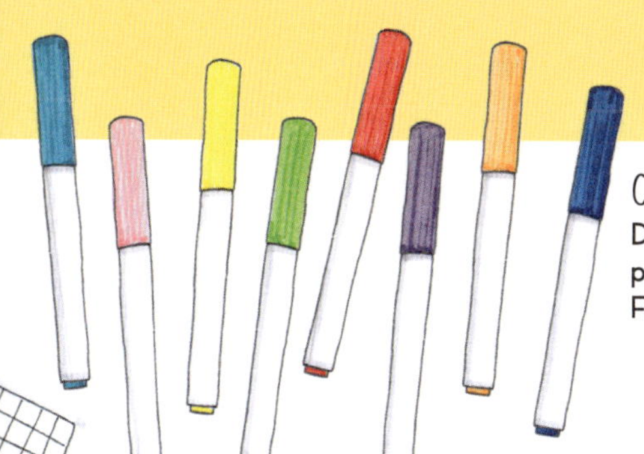

CRAYOLA SUPER – ABWASCHBARE FILZSTIFTE

Du suchst günstige Filzstifte? Diese Stifte sind perfekt! Es gibt sie in bis zu 50 verschiedenen Farben und sie schlagen nicht durch Papier.

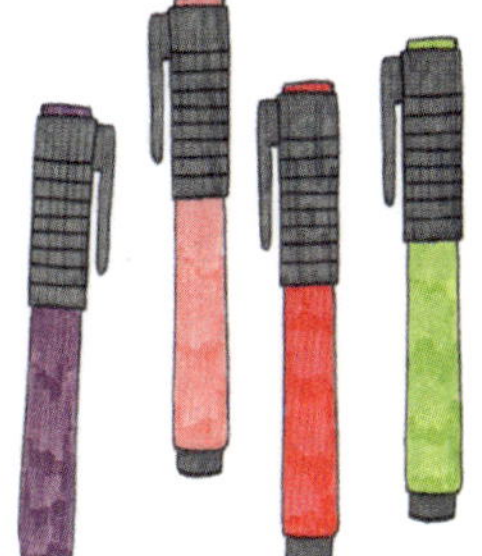

FABER-CASTEL PITT KÜNSTLERSTIFT

Ein weiterer Favorit von mir! Diese Pinselstifte eignen sich zum Ausmalen und zum Zeichnen.

SAKURA GELROLLER

Ich verwende oft weiße Gelstifte, um einigen meiner Zeichnungen mehr Details hinzuzufügen.

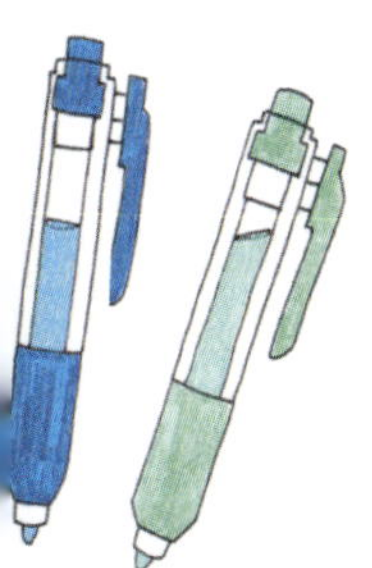

TOMBOW DOPPELFASERMALER

Wenn du in qualitativ hochwertige Filzstifte zum Zeichnen oder Beschriften investieren möchtest, sind die Tombow-Faserstifte mit zwei Spitzen perfekt. In diesem Buch habe ich den grauen Stift häufig für Schattierungen und Details verwendet.

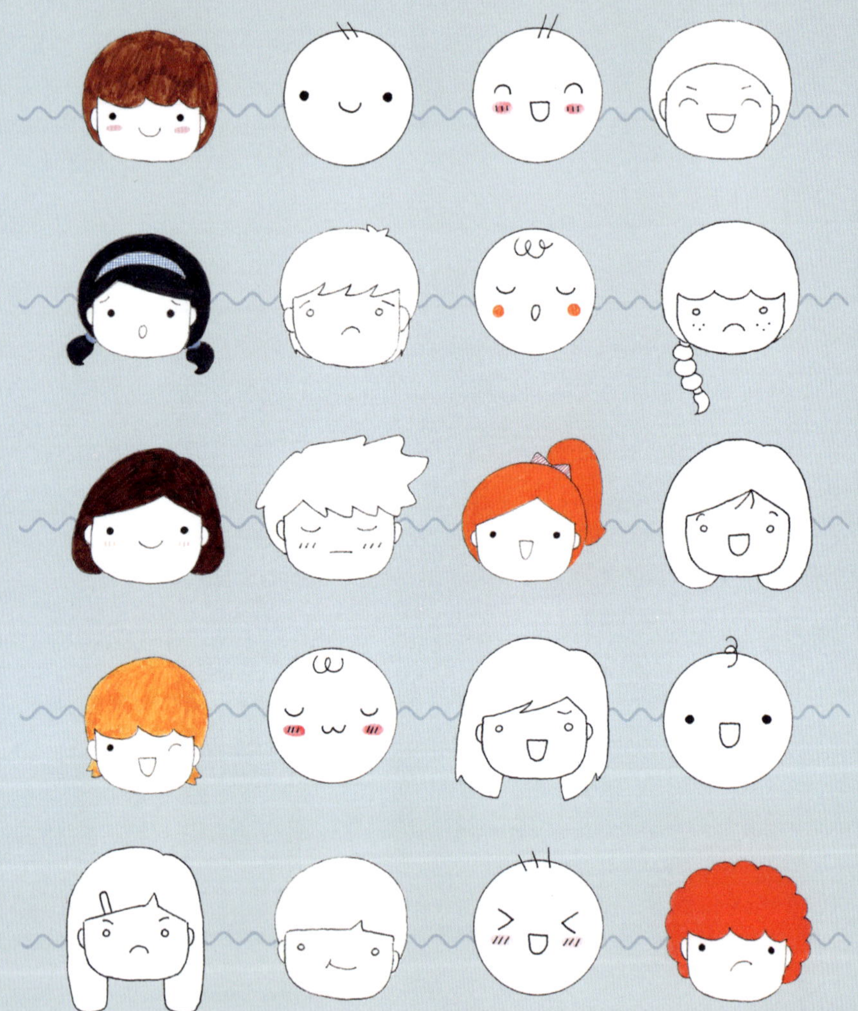

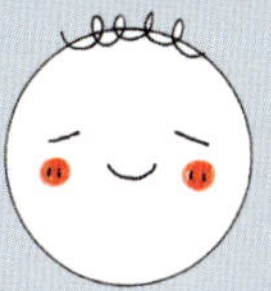

SMILEYS UND GESICHTER

Diese Gesichter mit verschiedenen Ausdrücken bestehen aus einfachen Linien und Formen!

In diesem Kapitel werde ich dir zeigen, wie ich niedliche Gesichter zeichne, indem ich Punkte und Linien kombiniere, um verschiedene Looks zu kreieren. Und vergessen wir nicht, ein paar Haare hinzuzufügen!

SMILEYS

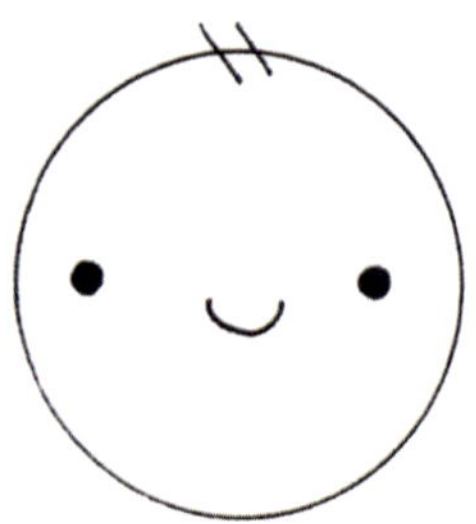

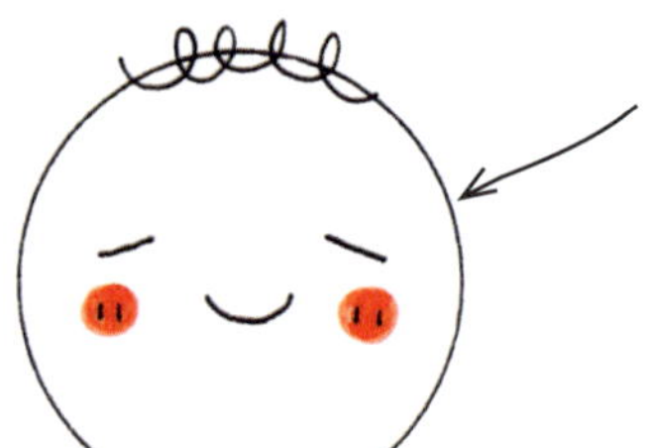

Das Ändern von Merkmalen wie Augenbrauen und Mund gibt jedem Gesicht einen anderen Ausdruck.

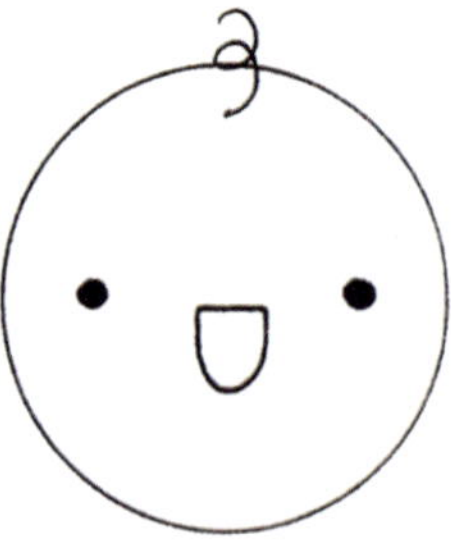

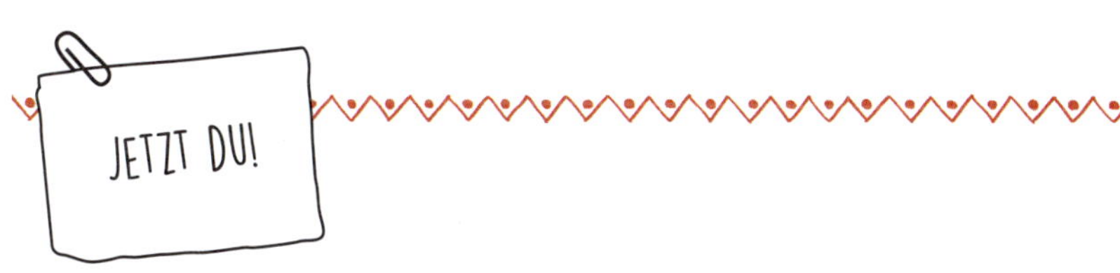

GLÜCKLICHE TAGE!

Beginne mit einem einfachen Smiley und ändere dann nacheinander jedes Merkmal – Augenbrauen, Augen und Mund –, um so viele Variationen wie möglich. Du wirst erstaunt sein, wie viel Unterschied selbst eine kleine Veränderung ausmachen kann!

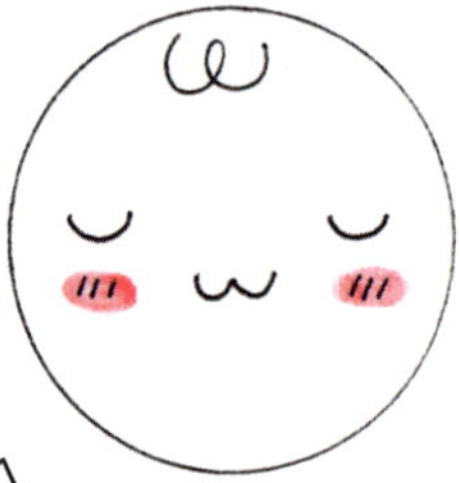

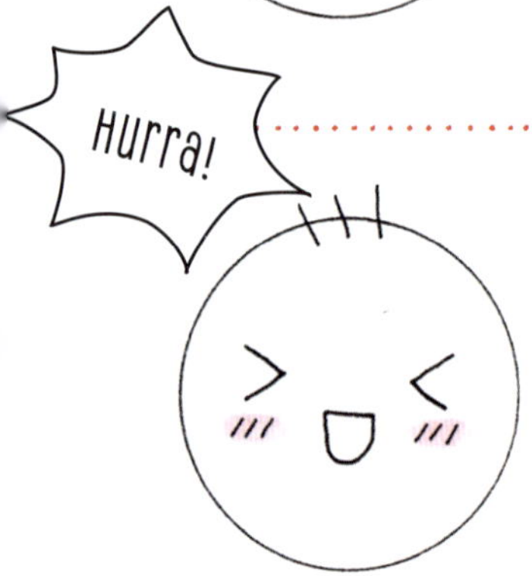

Hurra!

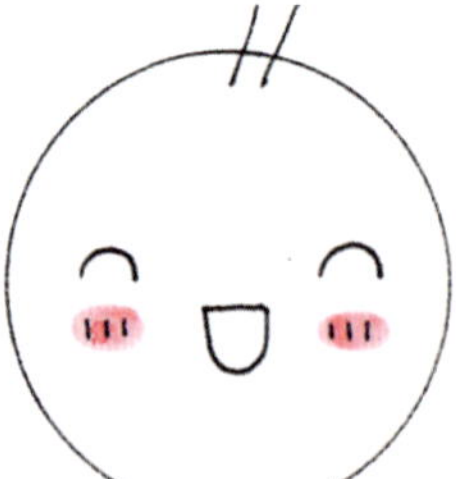

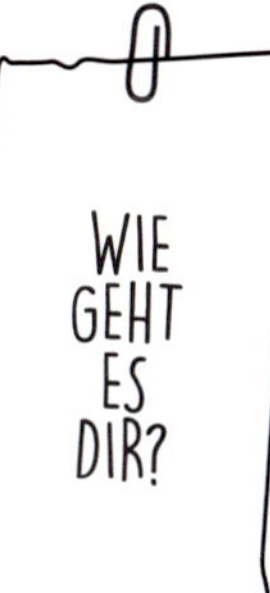

IN WELCHER STIMMUNG BIST DU HEUTE?

Mutig oder schüchtern? Niedergeschlagen oder voller Freude? Wie würdest du jede dieser Emotionen zeigen?

DRÜCKE DICH AUS!

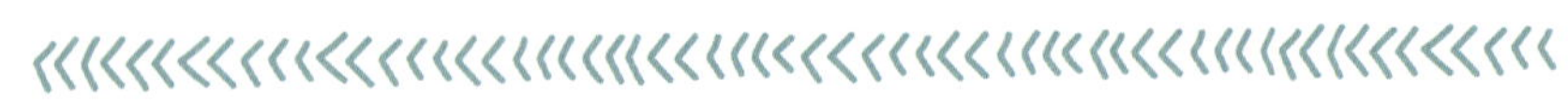

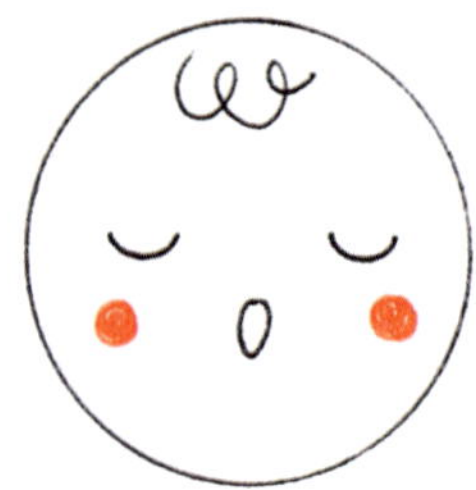

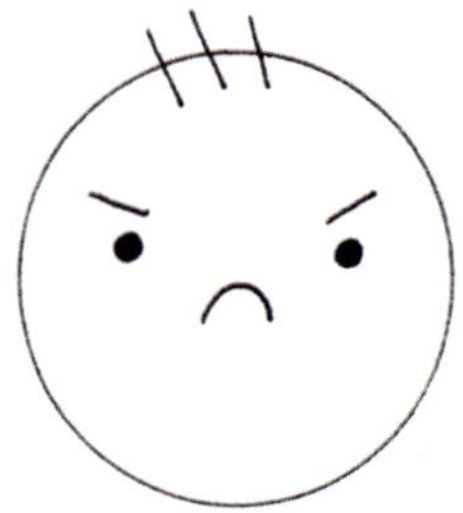

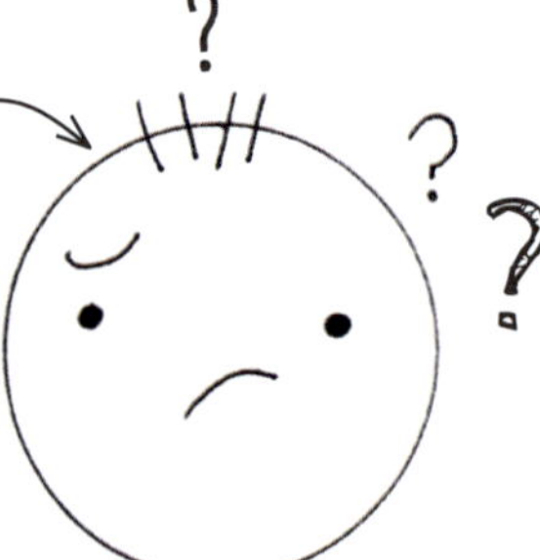

Das Zeichnen einer Form ähnlich einem lächelnden Mund über dem Auge gibt deiner Figur einen verwirrten Blick.

UND NUN DU!

GEFÜHLSGELADENE EMOJIS

Schaue dir die Emojis auf deinem Handy an, um Ideen zu sammeln. Gib dir dann eine halbe Stunde Zeit und schau, wie viele verschiedene Ausdrücke du kreieren kannst. Es werden mehr sein, als du erwartet hast!

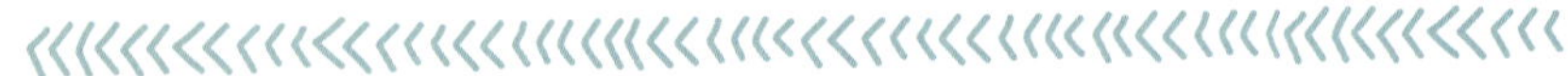

Farbige Linien auf den Wangen geben diesem Kerlchen ein Schamgefühl.

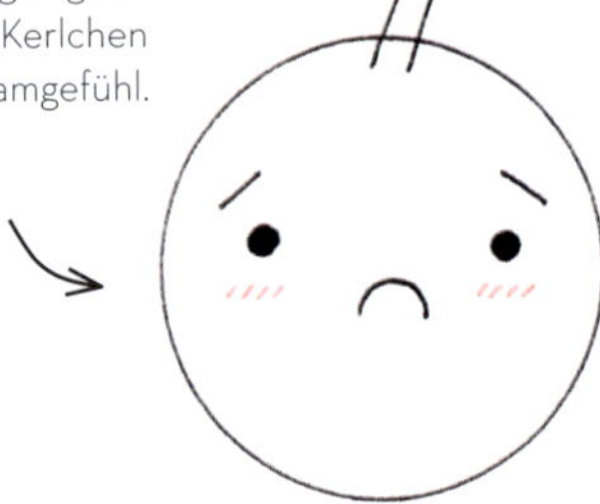

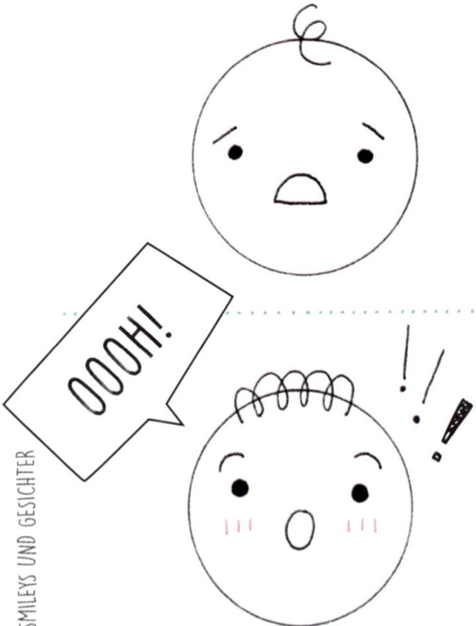

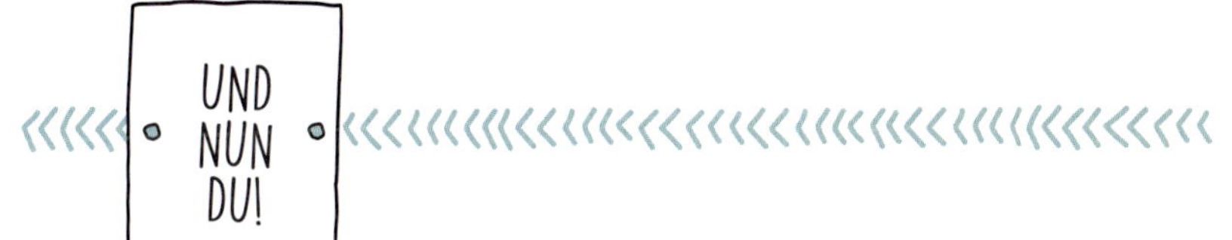

DENKE ÜBER DEN TELLERRAND HINAUS!

Es gibt viele sofort erkennbare Symbole, die du abgesehen von deinem Gesicht zeichnen kannst, um Stimmungen und Gefühle zu zeigen. Ein Fragezeichen für Verwirrung, ein Ausrufezeichen für Überraschung, eine Glühbirne für die „Heureka!"-Momente ... Wie viele fallen dir noch ein?

GESICHTSAUSDRUCK

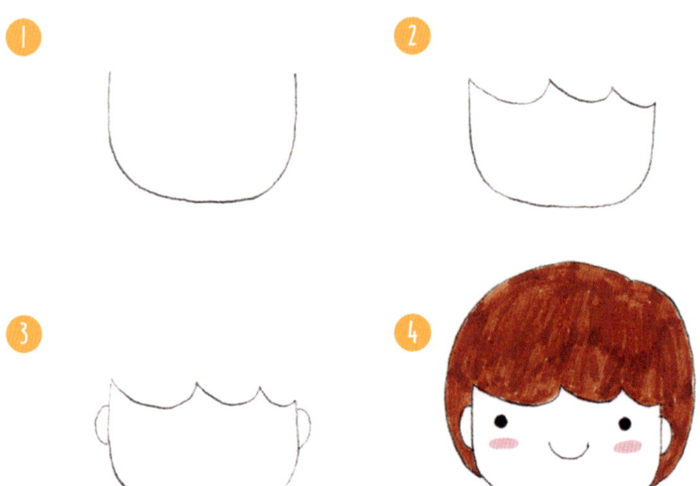

GRIMASSEN SCHNEIDEN

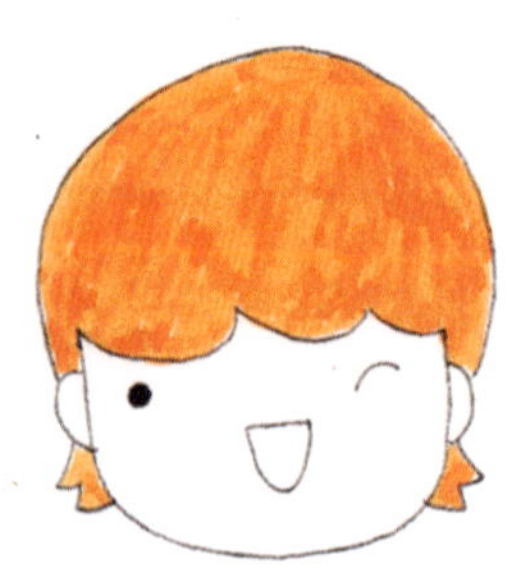

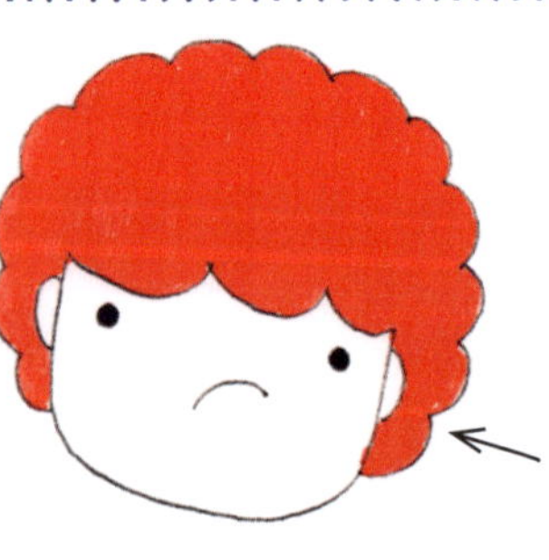

Dieses Kerlchen sieht nicht sehr erfreut aus – er kann seine lockige Mähne nicht bändigen!

DU BIST DRAN!

GEMEIN UND LAUNISCH

Es ist leicht, eine Figur glücklich aussehen zu lassen, aber was ist, wenn sie unglücklich oder mürrisch ist? Wenn jemand die Stirn runzelt, werden zum Beispiel die Augenbrauen zusammengezogen; bei einem finsteren Blick werden die Augen zusammengekniffen und der Mund nach unten gezogen. Siehst du, was für einen Unterschied eine kleine Veränderung machen kann?

NICHT EIN HAAR ZU VIEL

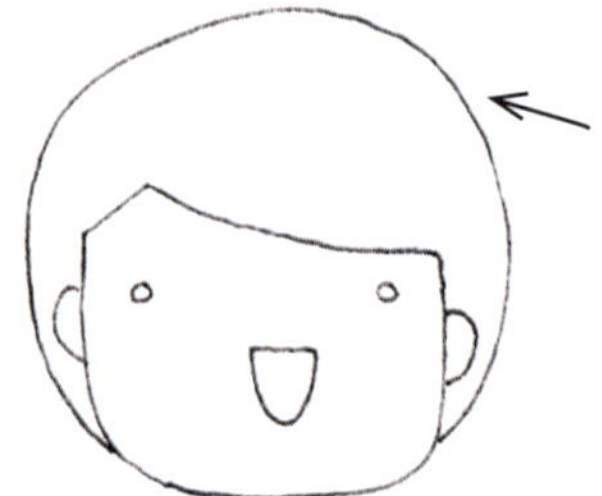

Erstelle eine runde Form für eine glatte Frisur.

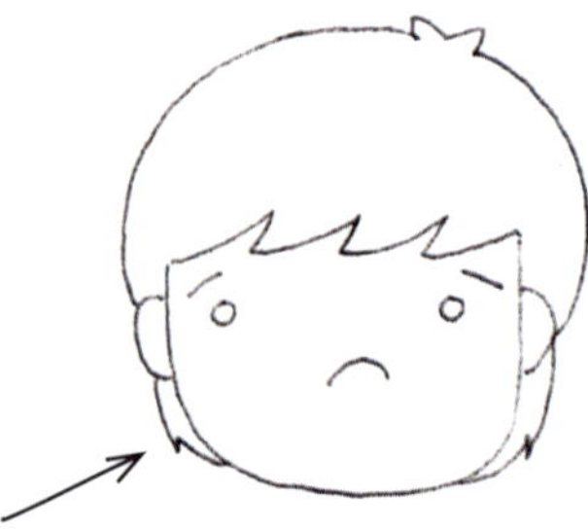

Er ist nicht beeindruckt von seinem Pony!

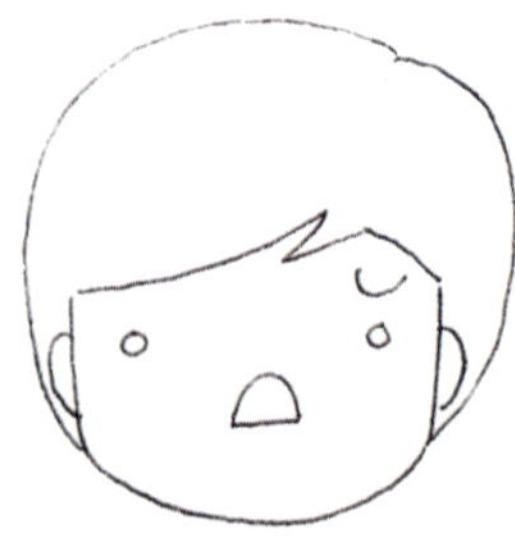

VORTEILE VON FRANSEN

Spiele mit verschiedenen Fransen – gerade geschnitten, gewellt, usw. Als allgemeine Richtschnur gilt, dass das Haar etwa die Hälfte der Tiefe des Kopfes einnimmt – aber probiere einfach aus, was am besten aussieht.

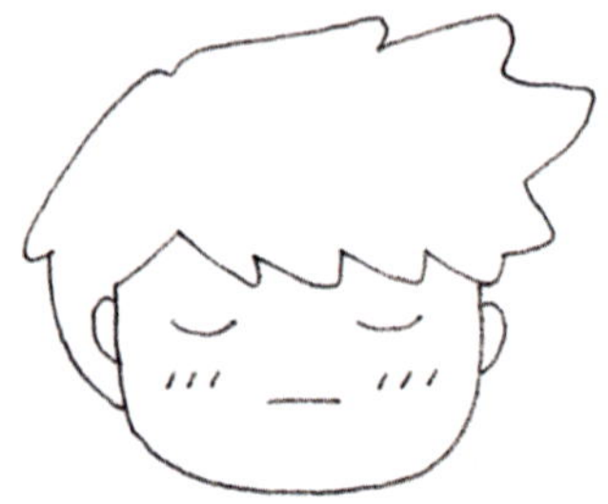

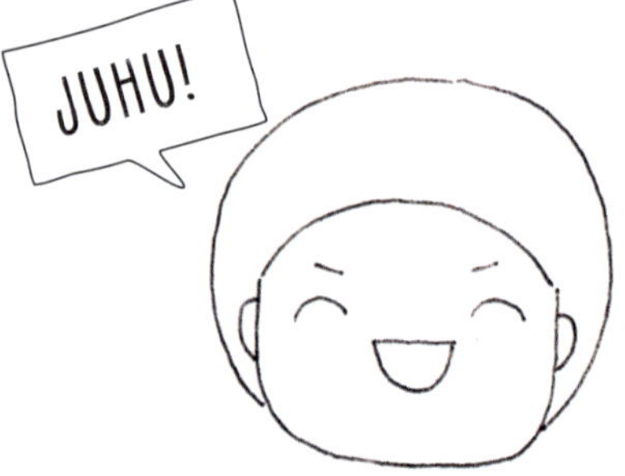

Ziehe eine gerade Linie über die Stirn, um den Haaransatz zu verändern.

LASSE DIR EINE EIGENE COOLE FRISUR EINFALLEN!

WERDE FRISEUR

Lang oder kurz? Glatt oder gelockt? Mit oder ohne Scheitel? Zeichne so viele Frisuren wie möglich.

SÜẞE SCHNUTEN

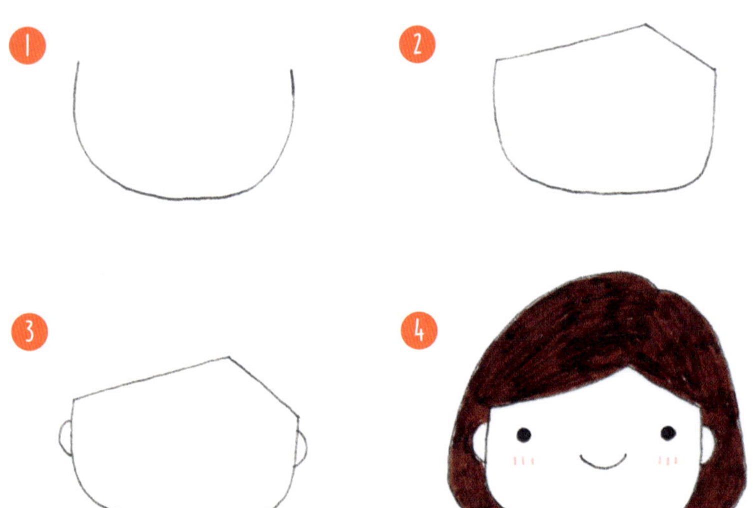

NICHT NUR EIN HÜBSCHES GESICHT

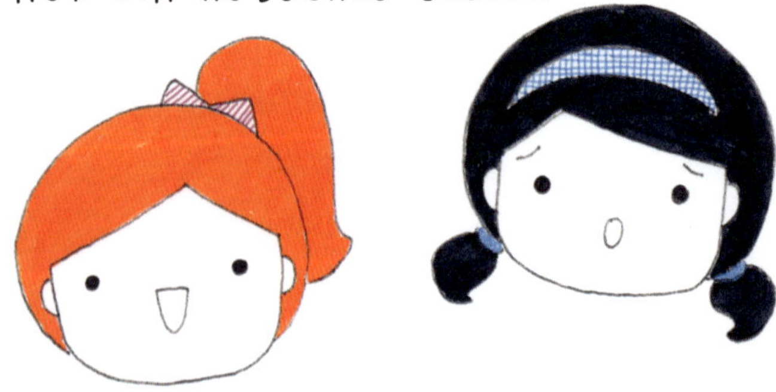

VERSUCHE ES MAL!

DIE AUGEN HABEN ES IN SICH!

Die Augen (offen oder geschlossen) und die Augenbrauen (gerade oder geschwungen) sind nur ein kleiner Teil des Gesichts deiner Figur, aber sie sagen viel über ihre Stimmung aus.

SOLANGE DAS HAAR SITZT

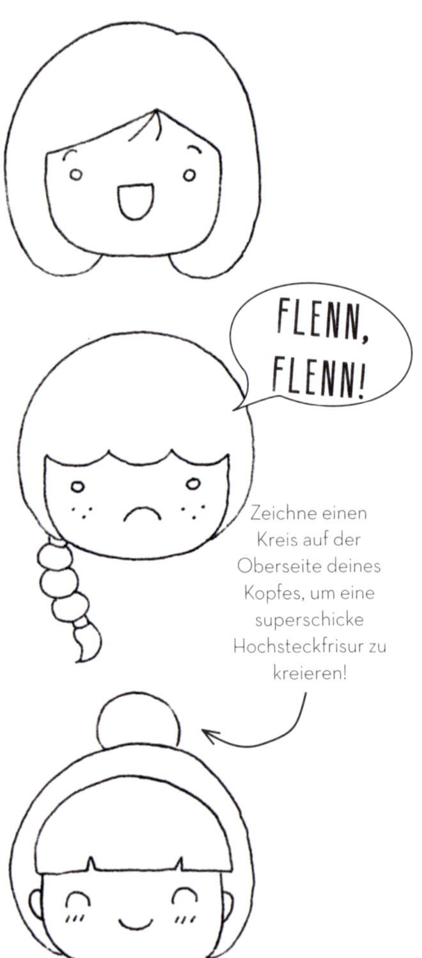

Zeichne einen Kreis auf der Oberseite deines Kopfes, um eine superschicke Hochsteckfrisur zu kreieren!

KRÖNUNG DES GANZEN!

Wenn du dich für eine Frisur entschieden hast, peppe sie mit bunten Spangen, Schleifen, Bändern und Haargummis auf.

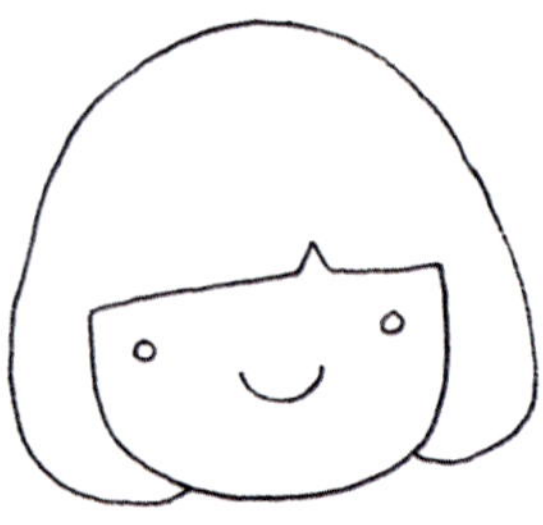

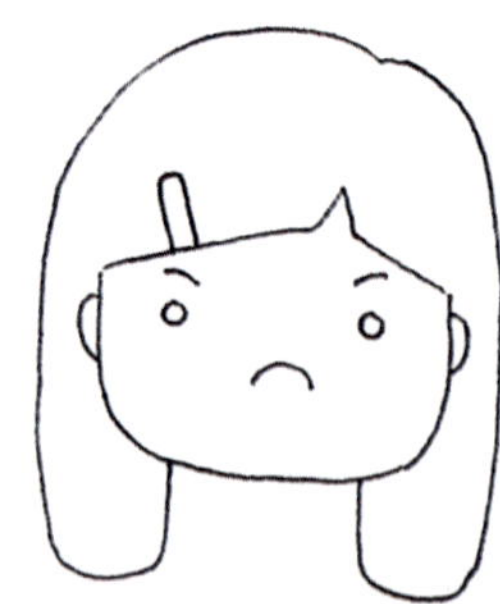

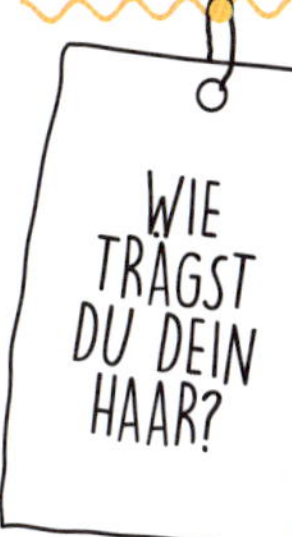

SCHÖNE LOCKEN!

Glatt und geschmeidig, kraus und unruhig, ordentlich gewellt oder fließend in langen Wellen – die Frisur, die du wählst, trägt dazu bei, die Persönlichkeit deines Kawaii-Charakters zu vermitteln.

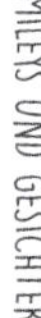

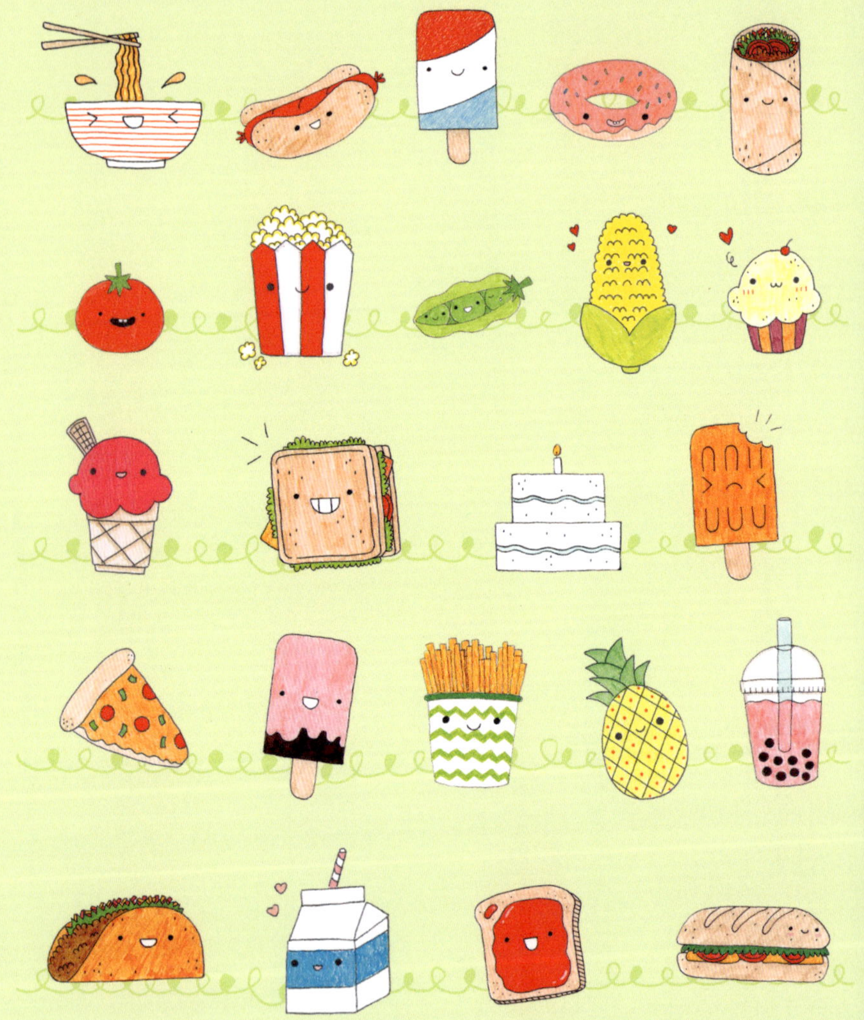

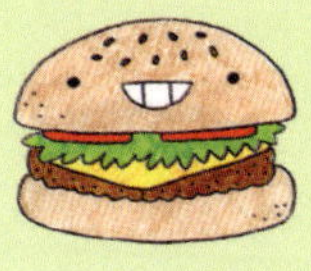

ESSEN

Essen ist eines meiner Lieblingsthemen zum Zeichnen. In diesem Kapitel zeige ich dir, wie du Leckereien wie Pizza, Popcorn und Pudding in sechs einfachen Schritten oder weniger zeichnest!

Sobald du die Grundformen beherrschst, kannst du deinen Zeichnungen Farbe und niedliche Gesichter verleihen, um ihnen einen Charakter zu geben und sie noch köstlicher aussehen zu lassen!

BURRITO

1

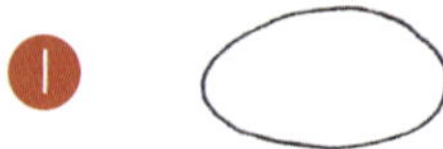

2

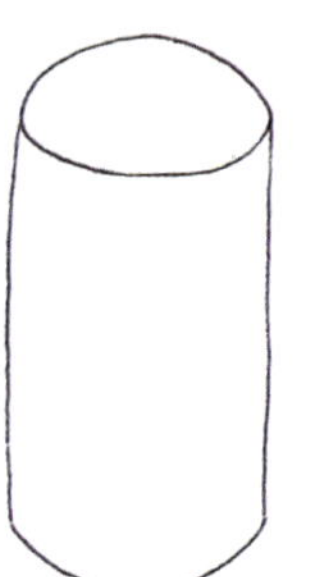

3

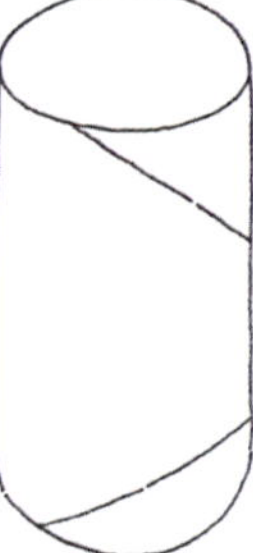

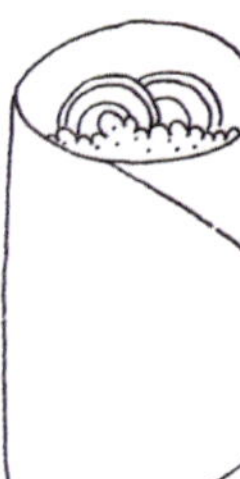

4

5

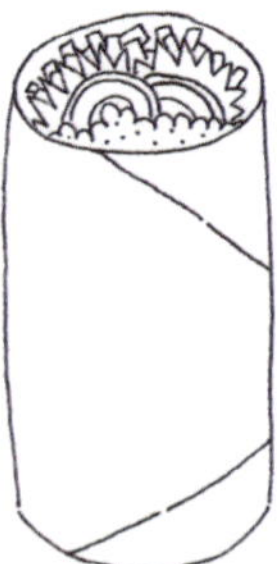

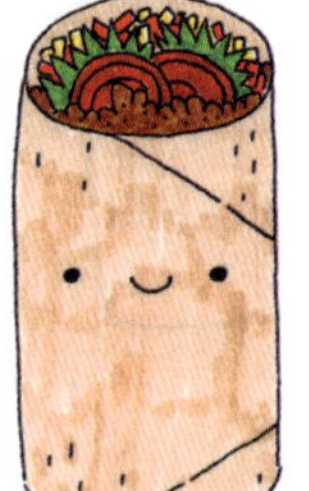

6

DU BIST DRAN!

GUT GEFÜLLT

Bist du verrückt nach Guacamole oder stehst du auf Gewürze? Zeichne einen Burrito mit deinen Lieblingsfüllungen. Die Form des Wraps bleibt gleich – ändere nur die Farben und Formen im Inneren.

SÜßE TORTEN

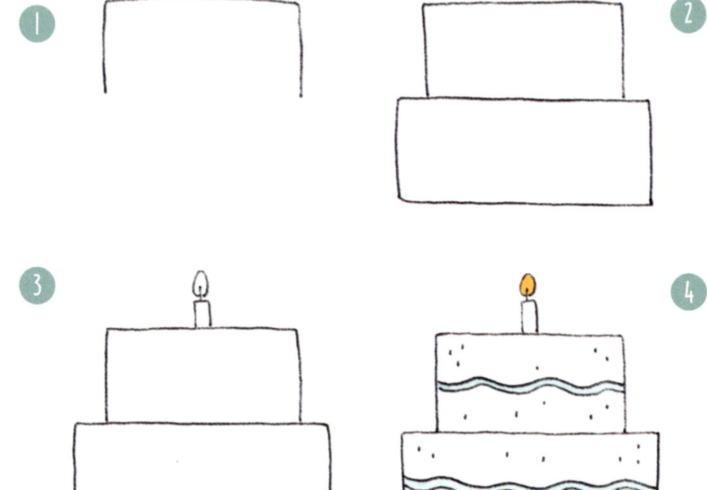

VERSCHIEDENE NACHSPEISEN

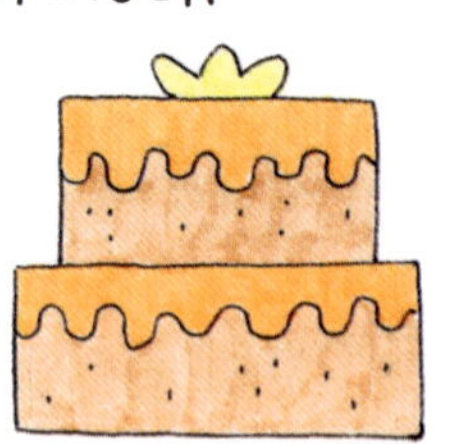

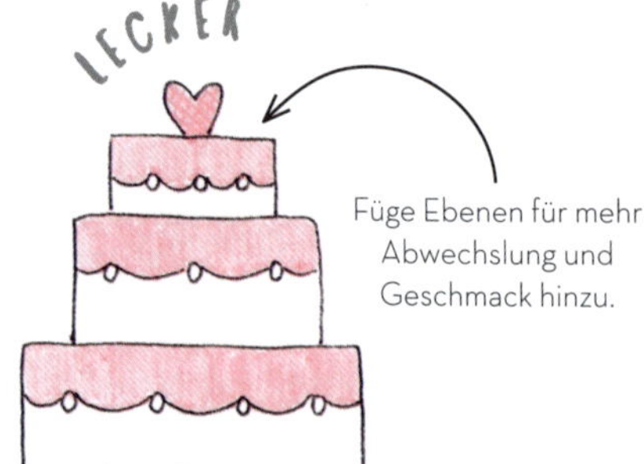

Füge Ebenen für mehr Abwechslung und Geschmack hinzu.

JETZT ZEICHNE ES!

VARIIERE DEINE DEKORATION

Zuckerguss gibt es in fast allen Farben der Welt, von Pastellrosa bis zum spritzigen Hellgrün; Cake Pops in allen möglichen Formen; bunte Streusel, Zuckerblumen, Glitter – der Fantasie sind keine Grenzen gesetzt.

MAISKOLBEN

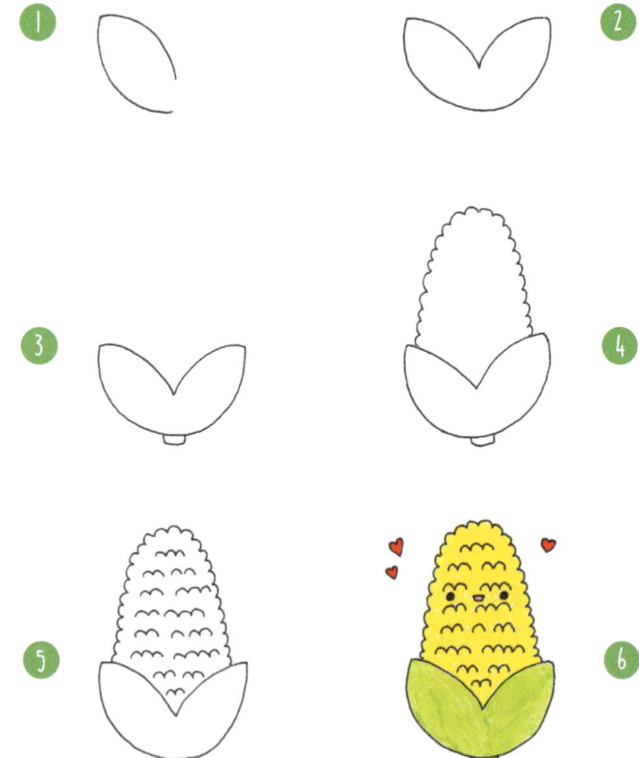

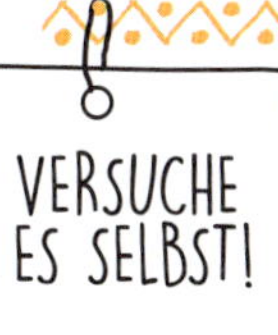

FANTASTISCHES MAISMÄNNCHEN!

Ein paar einfache Markierungen auf den Maiskörnern und Blättern erwecken diese Zeichnung zum Leben. Du kannst sie auch abwandeln, um eine knubbelige Artischocke zu erstellen - eine supereinfache Art, um eine der fünf Mahlzeiten pro Tag zu bekommen!

LECKERE DONUTS

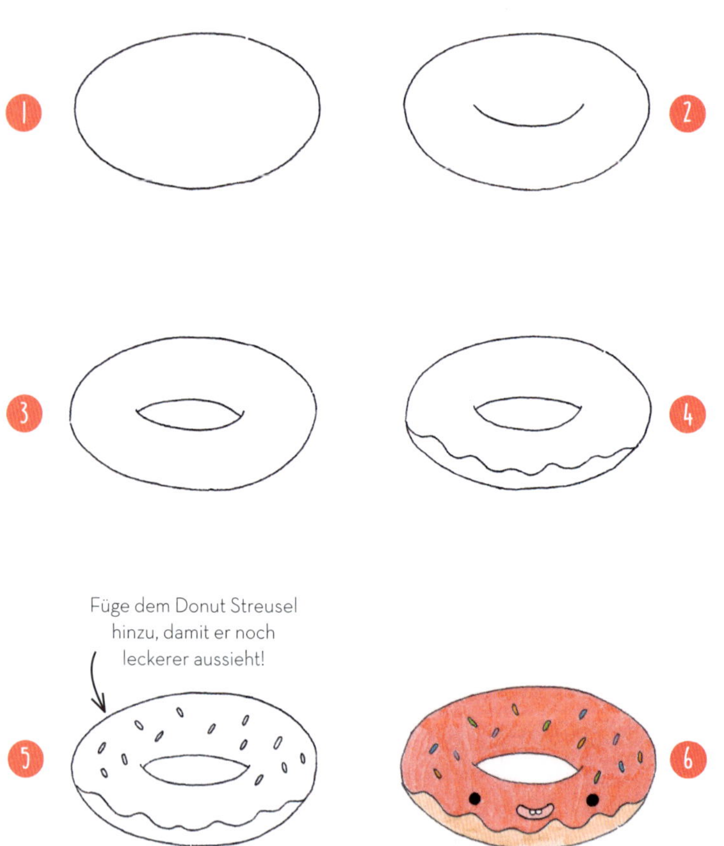

NUN GEHT ES RUND …

Wir alle wissen, dass Donuts rund sind – aber nur, wenn man sie direkt von oben betrachtet. Betrachtet man sie von der Seite, haben sie eher eine ovale Form. Zeichne die Formen, die du siehst, und nicht, wie du denkst, dass ein Donut aussehen sollte!

KAFFEEKLATSCH

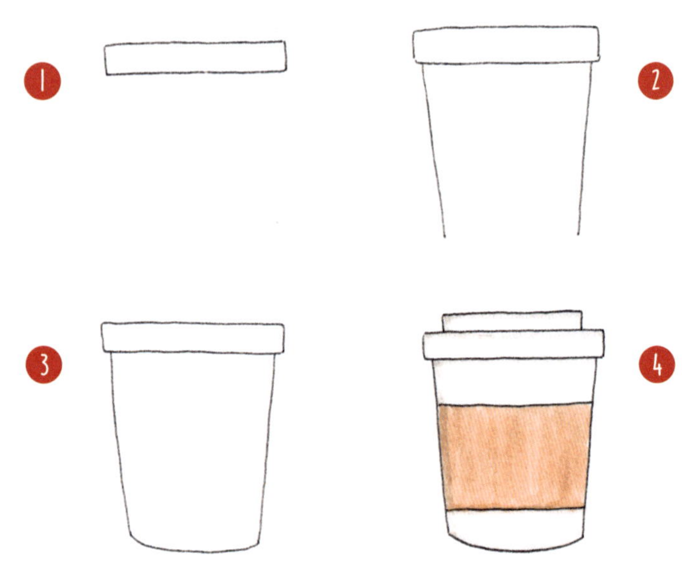

AUSTRINKEN!

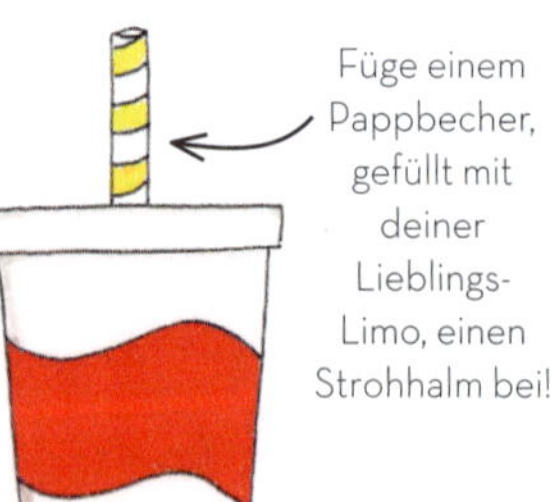

Füge einem Pappbecher, gefüllt mit deiner Lieblings-Limo, einen Strohhalm bei!

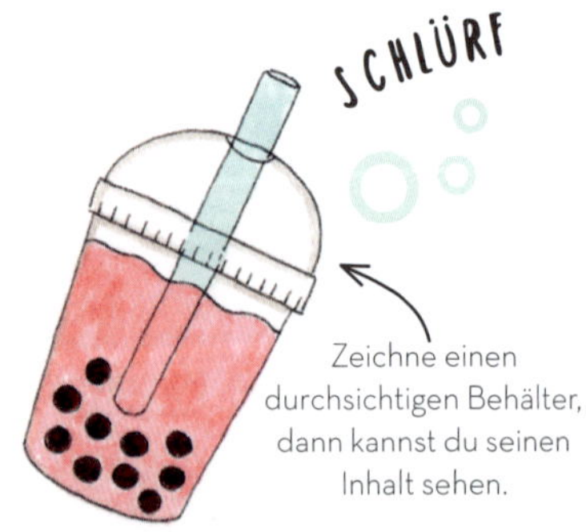

Zeichne einen durchsichtigen Behälter, dann kannst du seinen Inhalt sehen.

JETZT ZEICHNE ES!

Befolge die nebenstehenden Schritte oder versuche eine der folgenden Optionen für ein anderes, aber ebenso leckeres Getränk.

PROST!

Wenn du erst einmal den Dreh raushast, einen durchsichtigen Behälter zu zeichnen, dann kannst du alle Arten von Getränken malen, von einem klassischen Cocktail mit Papierschirmchen bis hin zu einem schäumenden Pint Bier.

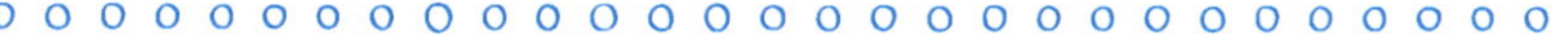

FRITTEN

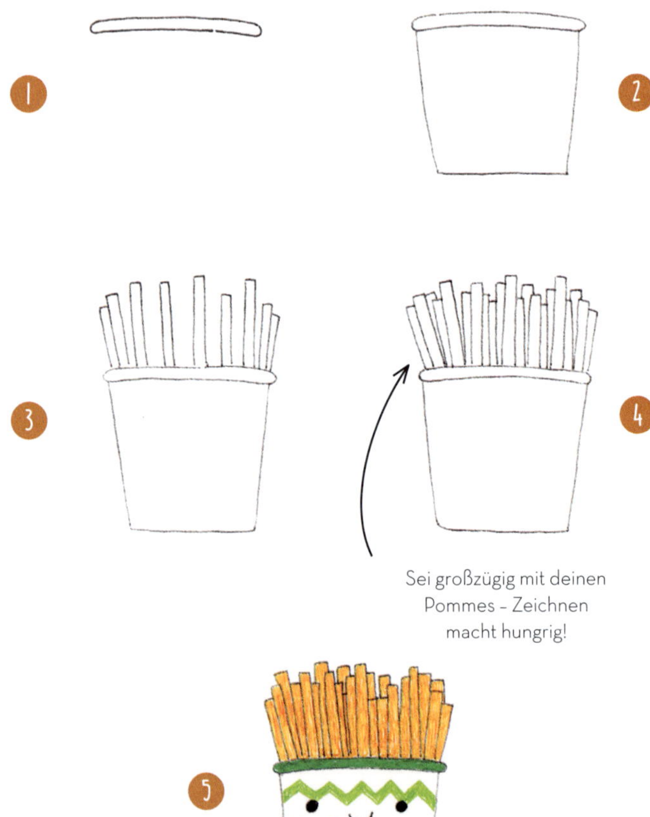
1
2
3
4
Sei großzügig mit deinen
Pommes – Zeichnen
macht hungrig!
5

ALLES GEBÜNDELT!

Auf die gleiche Weise kann man auch ein Bündel Spargel oder Buntstifte in einem Topf oder Trinkhalme in einem Becher zeichnen – man muss nur darauf achten, dass sie unterschiedlich hoch sind, damit sie nicht alle zu einem einzigen Block verschmelzen.

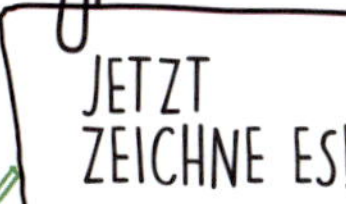

SAFTIGE FRÜCHTE

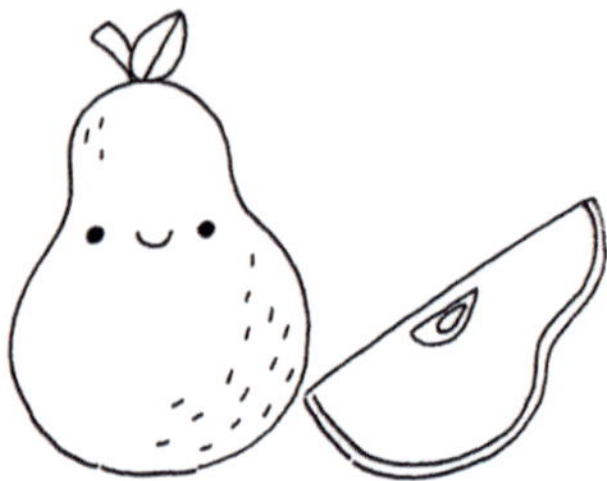

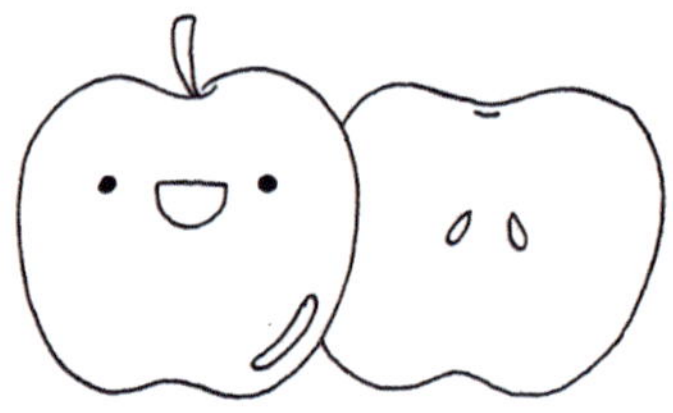

Zeichne kleine Kreise für die Kerne der Erdbeeren.

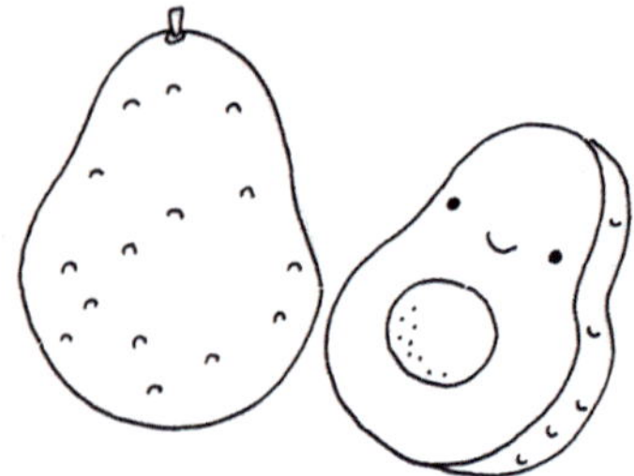

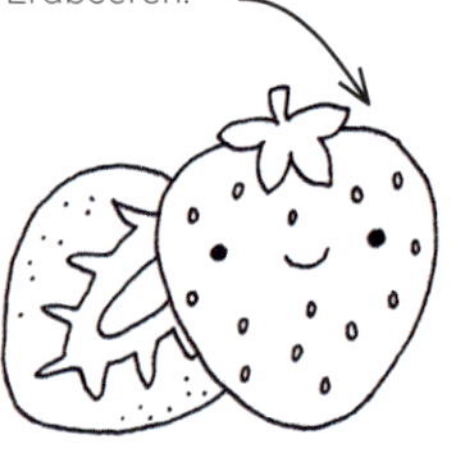

Das Zeichnen eines Gesichts auf das Obst schafft dieses niedliche Kawaii-Element!

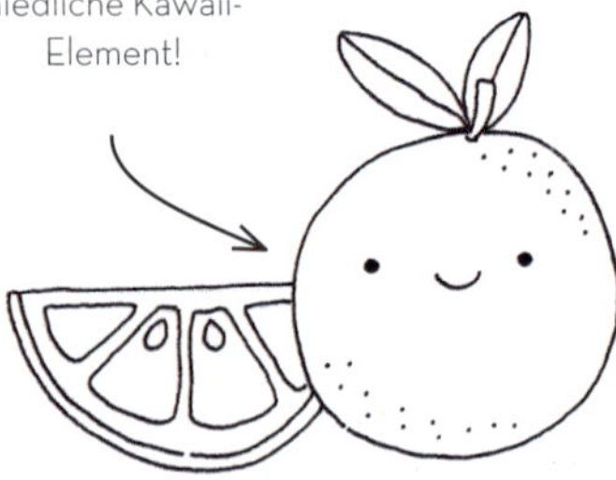

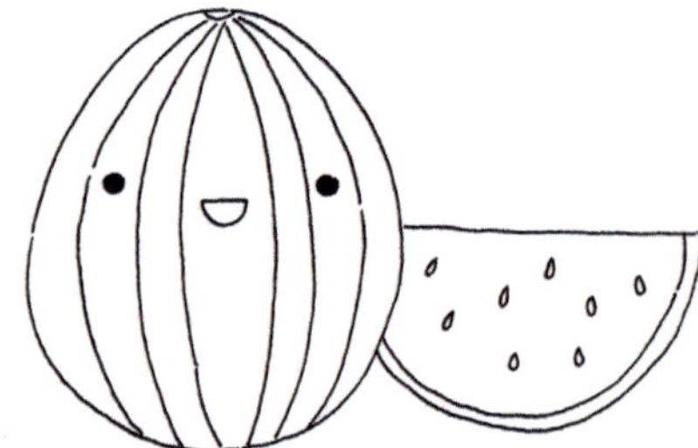

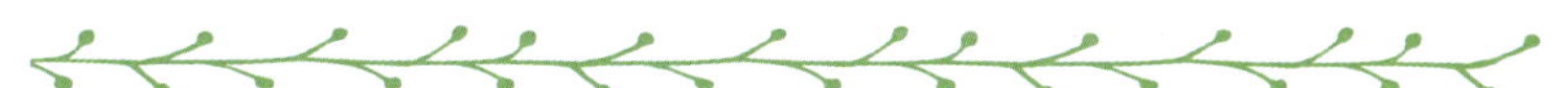

FARBKOORDINATEN

Zeichne dieselbe Zeichnung in verschiedenen Größen und Zitrusfarben, um eine ganze Reihe von spritzigen Früchten – Orangen, Zitronen, Limetten und Grapefruits zu kreieren.

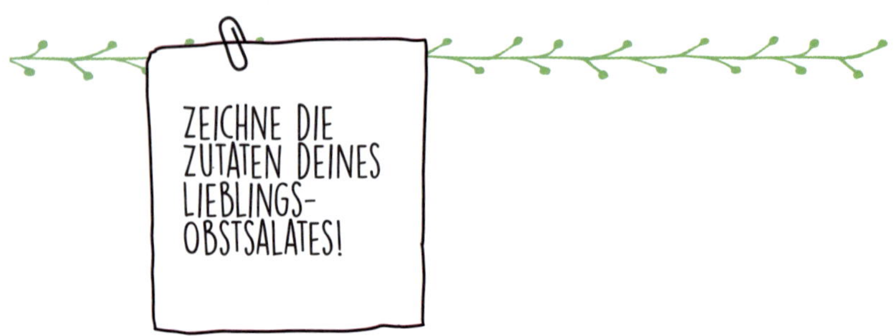
ZEICHNE DIE
ZUTATEN DEINES
LIEBLINGS-
OBSTSALATES!

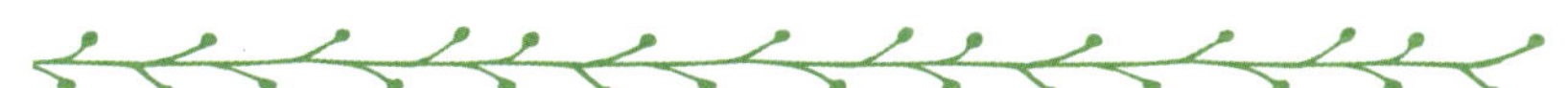

TUTTI FRUTTI

Denke an so viele verschiedenfarbige Früchte wie möglich – spritzige grüne Kiwis, saftige rote Erdbeeren, kleine lilafarbene Blaubeeren – und kreiere ein Kaleidoskop der Farben. Zeichne sowohl halbierte als auch ganze Früchte, um deine Zeichnungen interessanter zu machen.

HAPPY HAMBURGER

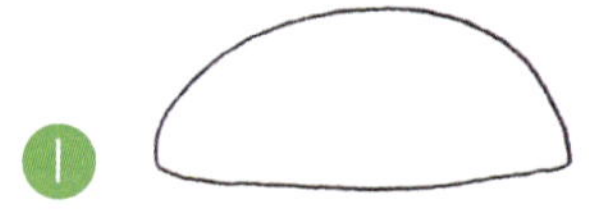

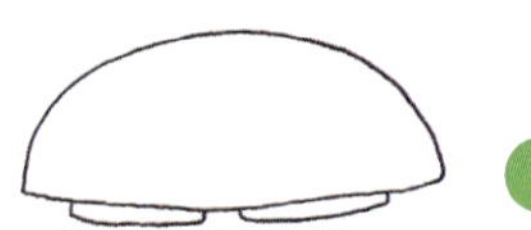

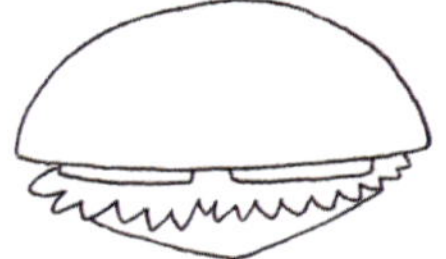

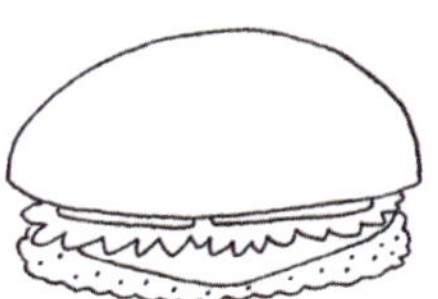

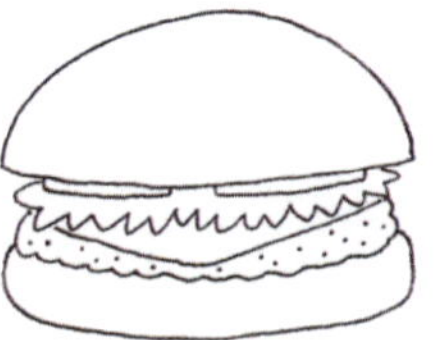

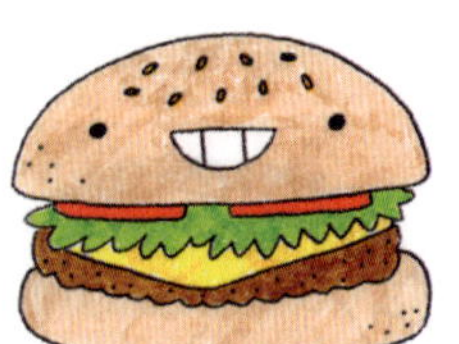

VERSUCHE ES SELBST!

SOMMER-KNALLER

Veranstaltest du ein Grillfest? Diese Zeichnung würde toll auf einer Einladungskarte aussehen! Füge eine lächelnde Sonne, die von oben herabscheint, und ein kühles Getränk (wie auf S. 42) hinzu, und schon kann's losgehen.

HOTDOG

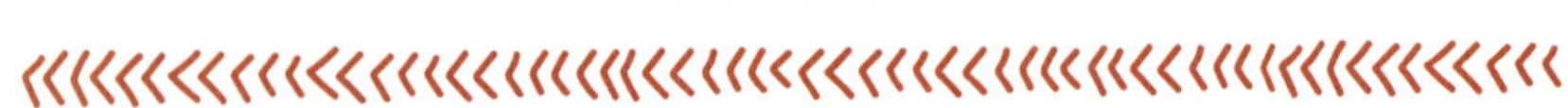

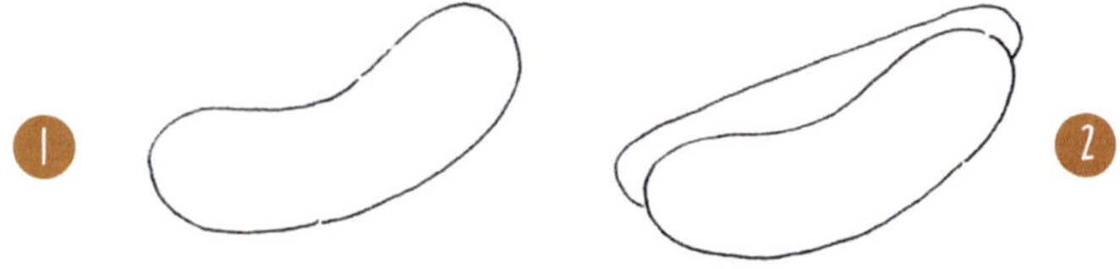

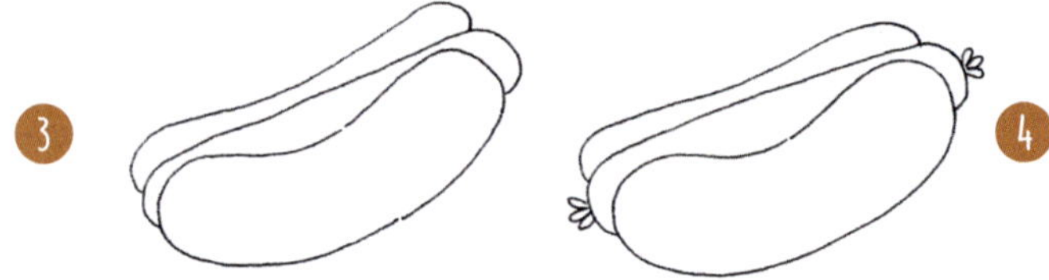

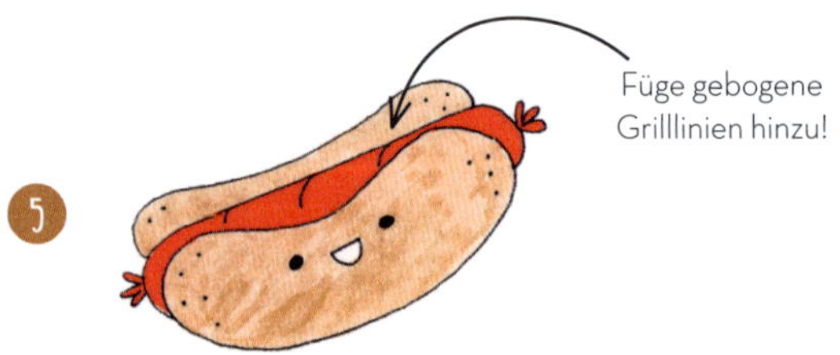

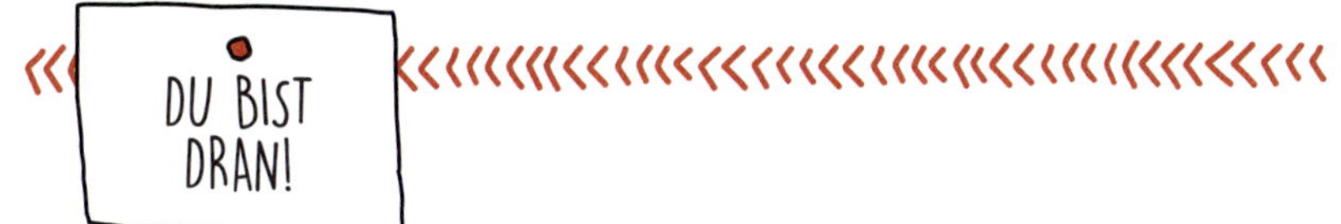

SOẞE DRAUF!

Vergiss den letzten Schliff nicht! Ein Spritzer leuchtend gelber Senf oder roter Tomatenketchup würde diesen Hotdog sehr aufpeppen.

SÜßE EISCREME

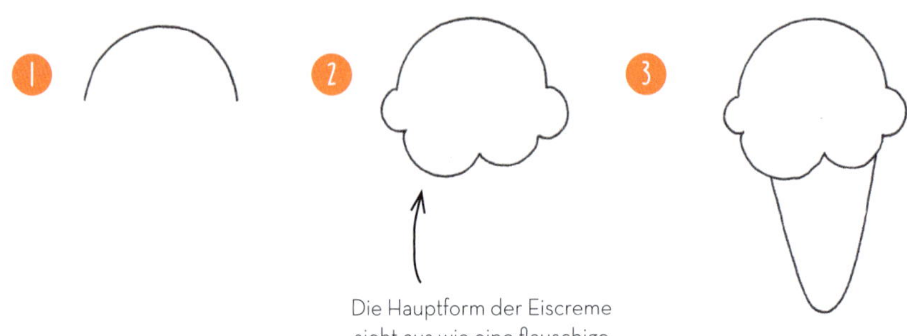

Die Hauptform der Eiscreme sieht aus wie eine flauschige Wolke. Verwende sie, um eine Vielzahl von Eiscreme-Zeichnungen zu kreieren!

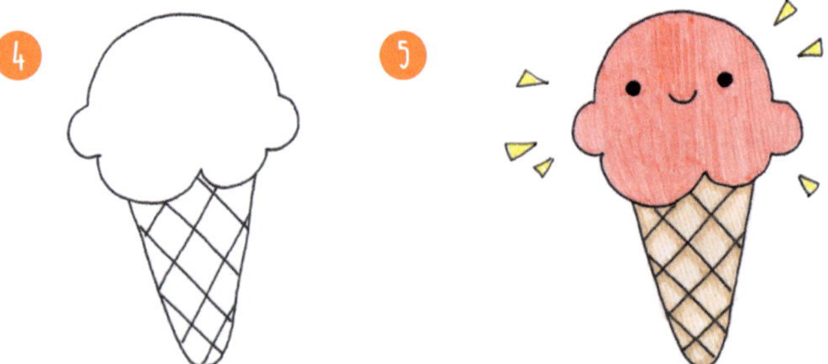

NUN ZEICHNE ES!

KNICKERBOCKER-RUHM

Tausche die Eistüte gegen ein Glas aus, fülle es mit Schichten aus Himbeerpüree, Eis und frischen Früchten, und garniere es mit Schlagsahne. Dann krönst du deinen Super-Eisbecher mit einem Waffelkeks und ein oder zwei Himbeeren.

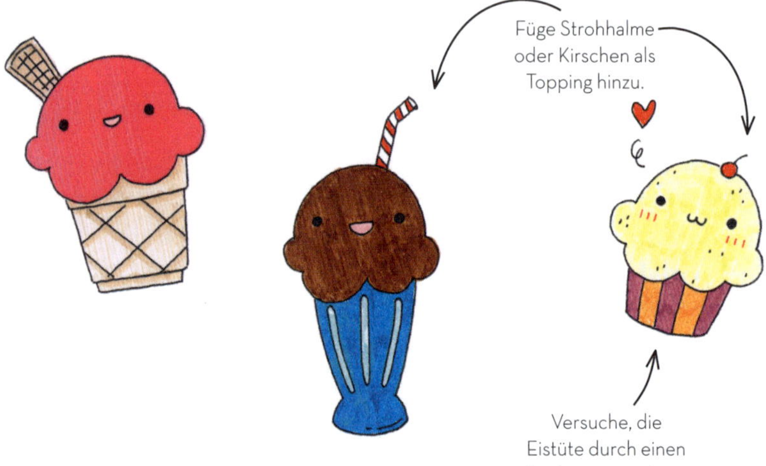
Füge Strohhalme
oder Kirschen als
Topping hinzu.
Versuche, die
Eistüte durch einen
Becher zu ersetzen.

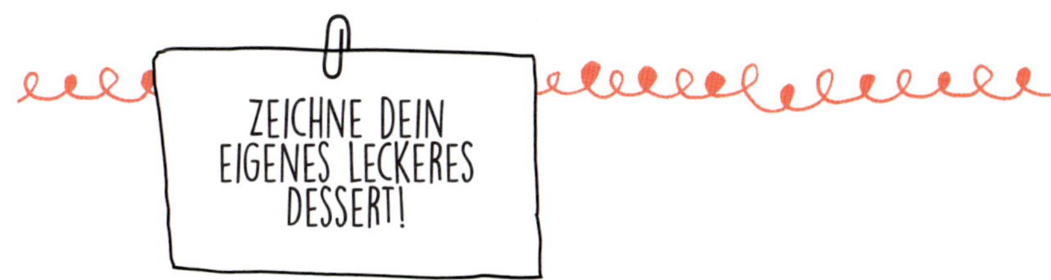

SÜSSIGKEITEN FÜR MEINEN ZUCKER

Was ist dein Lieblingsdessert? Ein verführerisches Trifle oder ein perfekter Kuchen? Mit diesen süßen Kawaii-Zeichnungen kannst du eine Naschkatze sein, ohne dabei zu viele Kalorien anzuhäufen!

KNABBERGEMÜSE

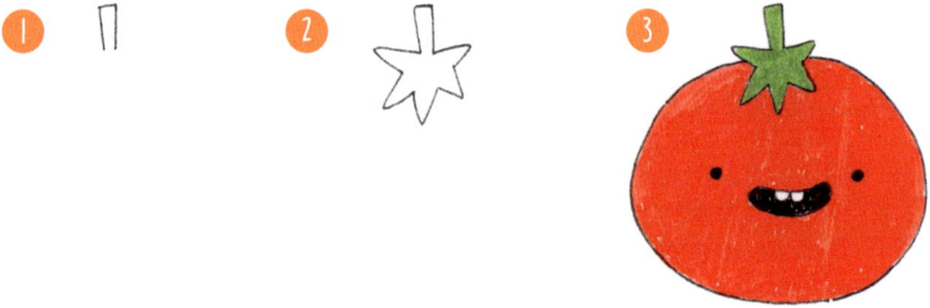

1 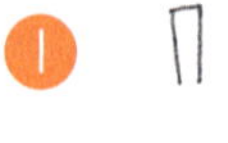

2 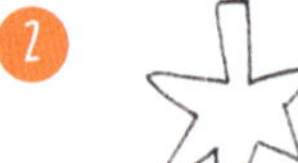

3 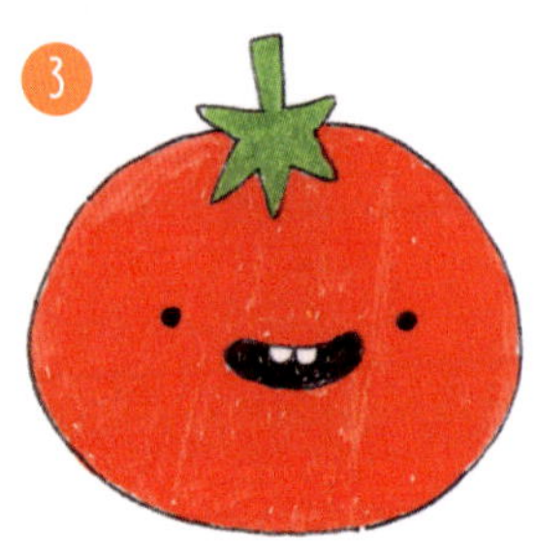

NIEDLICHES GEMÜSE

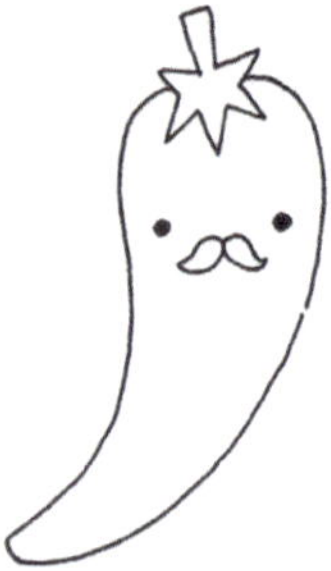

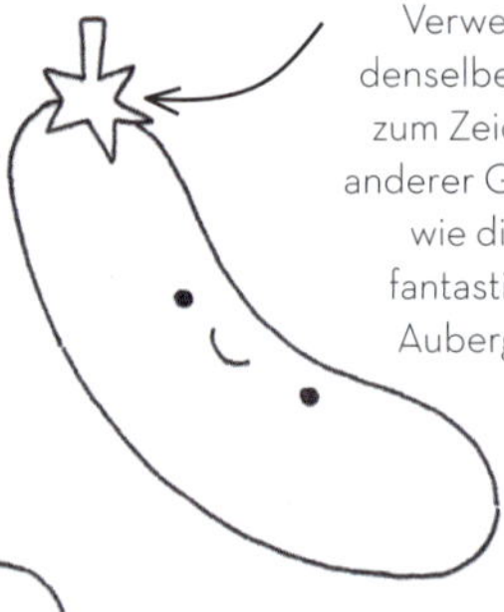

Verwende denselben Stiel zum Zeichnen anderer Gemüse, wie diese fantastische Aubergine!

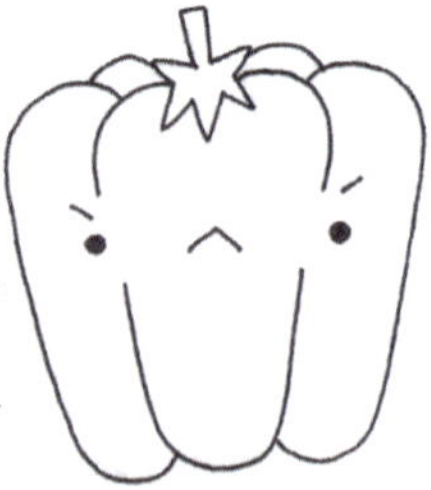

Die Merkmale dieser Paprika geben ihm eine stachelige Persönlichkeit.

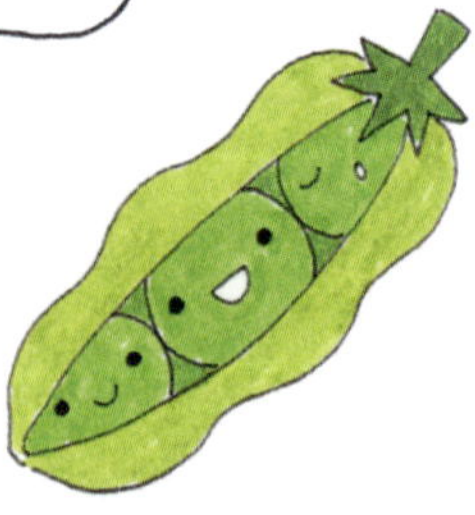

GEMÜSEPLATTE!

Ulkige Möhren mit grünen „Haaren" an den Spitzen, pralle und freundliche kleine Kartoffeln, akkurate Selleriestangen in Reih und Glied: Kreiere eine ganze Reihe von Gemüse-Zeichnungen, jede mit einer eigenen Persönlichkeit.

SALATTAGE!

Von knackigem, rundem Eisberg über hohen, schlanken Römersalat bis hin zu stacheligem Rucola – Salatblätter gibt es in vielen kräftigen Grüntönen. Bevor du sie für ein gesundes Abendessen zerkleinerst, verwandle sie in köstliche Zeichnungen. Füge ein paar muntere kleine Radieschen hinzu, die in ihren roten Mänteln glänzen.

ZEICHNE DEINEN LIEBLINGSSALAT!

ASIATISCHE NUDELN

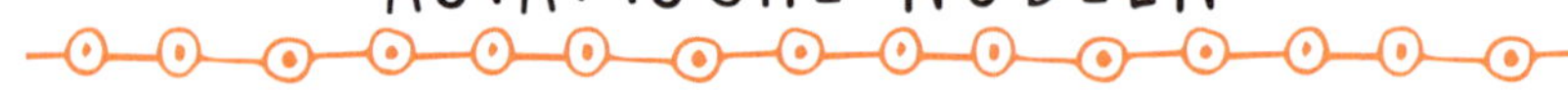

Zeichne einfache Formen, um den Behälter für deine Nudeln zu erstellen.

1

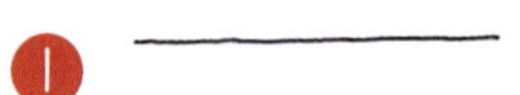

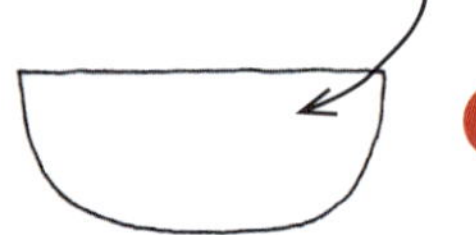

2

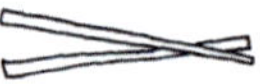

3

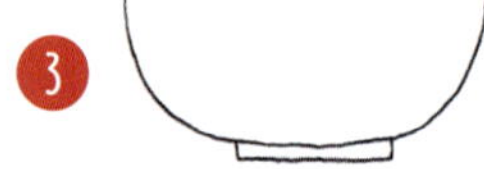

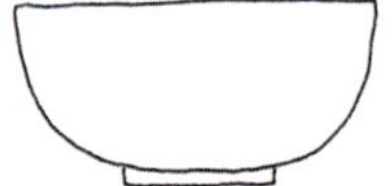

5

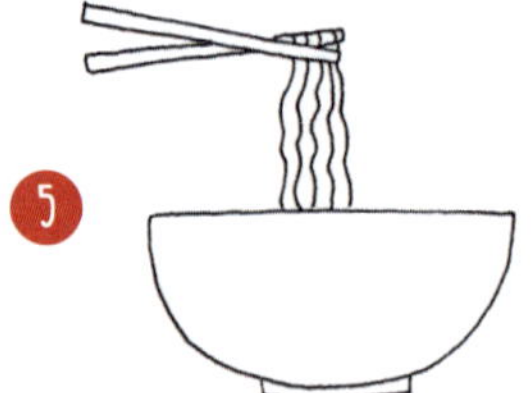

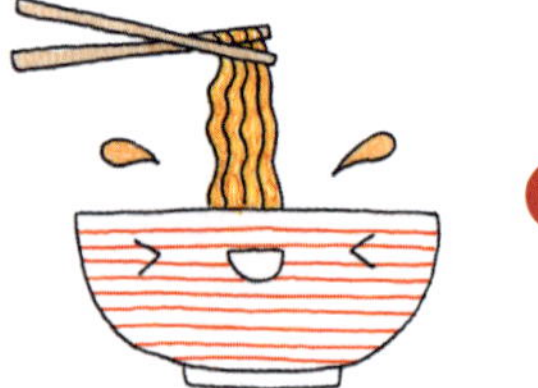

6

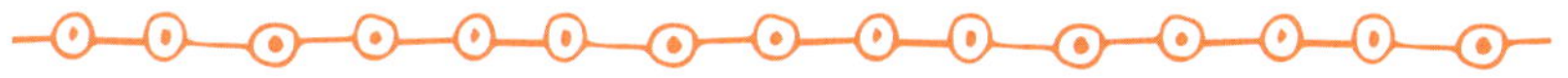

EIN HAUCH VON ORIENT

Für ein authentisches Gefühl dekoriere die Schalen in einer klassischen orientalischen Farbe, wie Rot und Schwarz oder Blau und Weiß. Welche Farbe oder welches Muster du auch wählst – fülle deine Schüsseln auf jeden Fall mit Unmengen von Nudeln! Du kannst auch Spaghetti auf die gleiche Weise zeichnen.

MACHE DICH MIT NUDELN UND STÄBCHEN VERTRAUT!

ANANAS

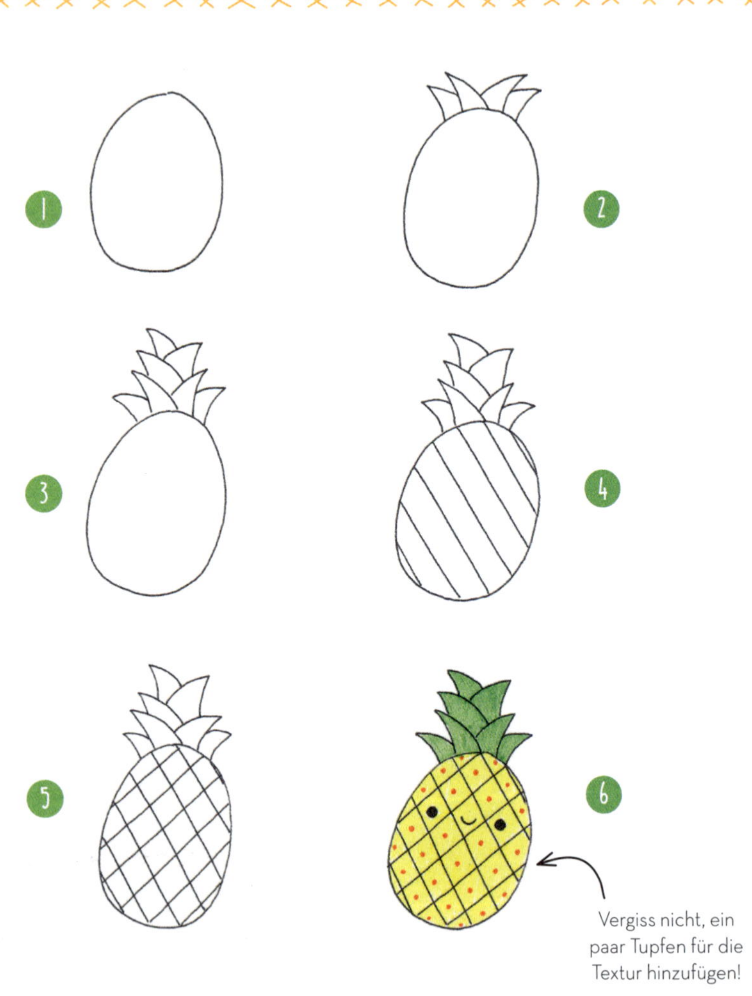

Vergiss nicht, ein paar Tupfen für die Textur hinzufügen!

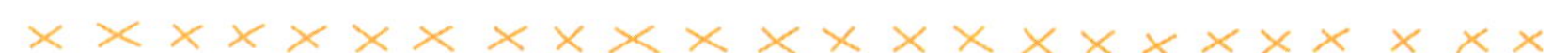

SESAM ÖFFNE DICH!

Warum zeichnest du nicht mal exotische Früchte wie Granatäpfel, Sternfrüchte oder Litschis? Und zeichne nicht nur die Außenseite – suche nach Früchten, die hübsche Muster oder Samen im Inneren haben.

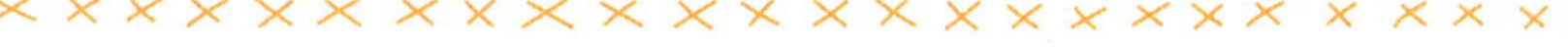

PIZZAPARTY

1

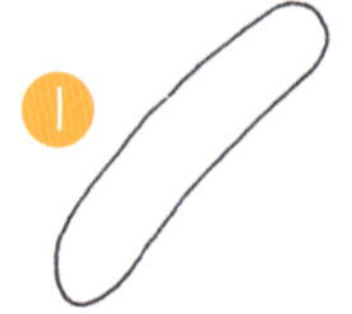

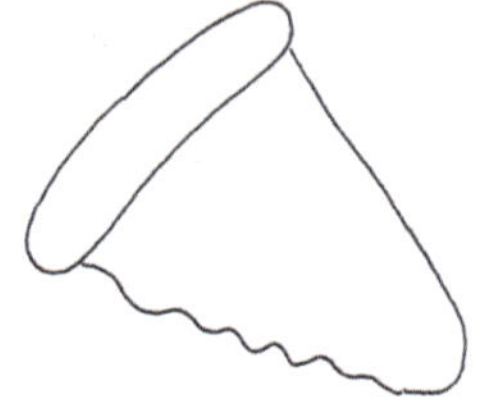

3

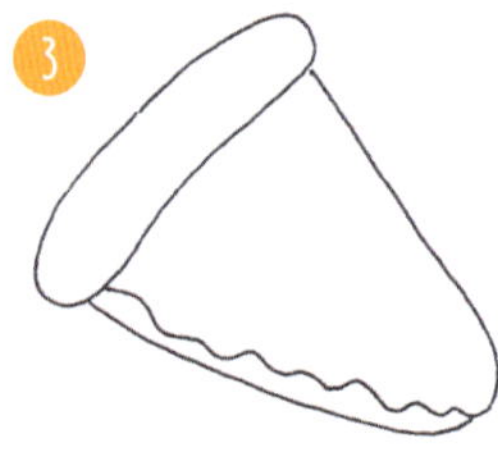

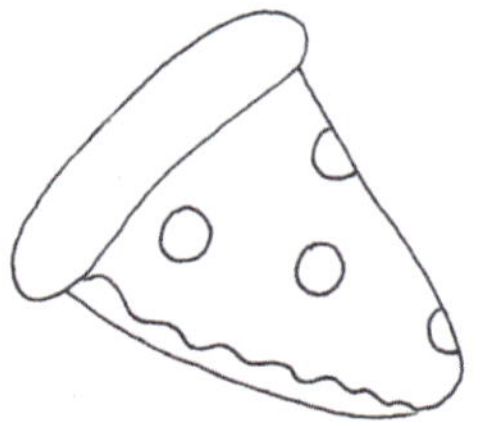

5

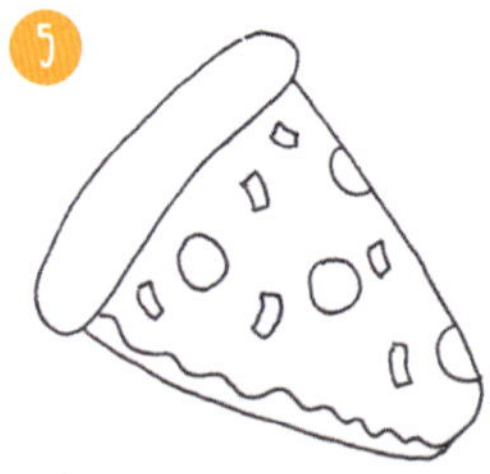

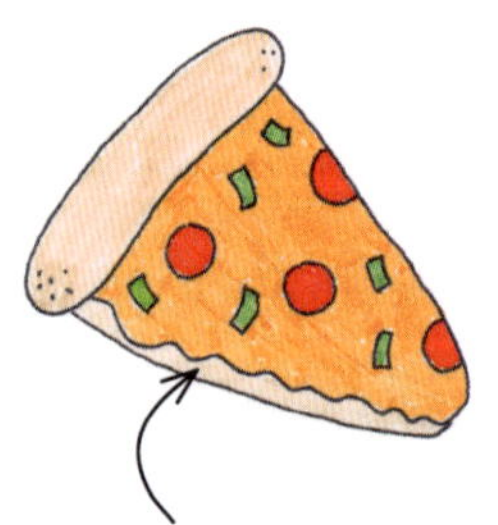

6

Warum nicht verschiedene leckere Toppings ausprobieren?

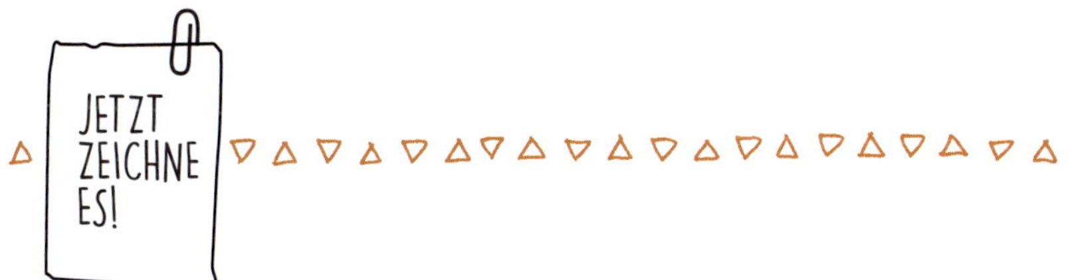

PIZZA MIT PEP

Eine gute Pizza ist unschlagbar! Da die einzelnen Toppings in deiner Pizza-Zeichnung sehr klein werden, entscheide dich für Zutaten, die entweder an ihrer Form, wie Pilz- oder Peperonischeiben, oder an ihrer Farbe, wie schwarze Oliven, sofort erkennbar sind.

UND OBENDRAUF POPCORN

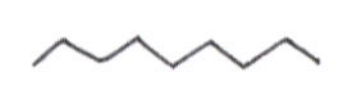

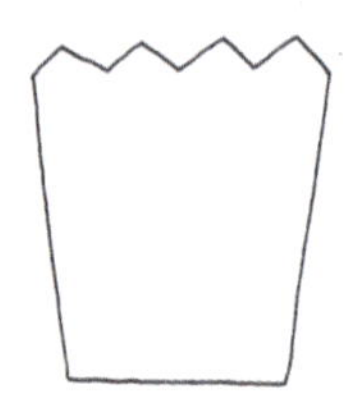

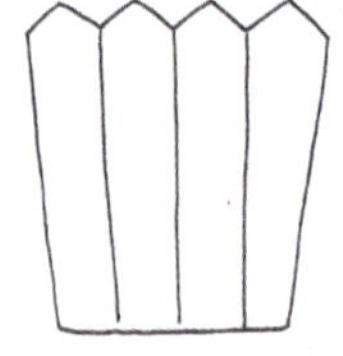

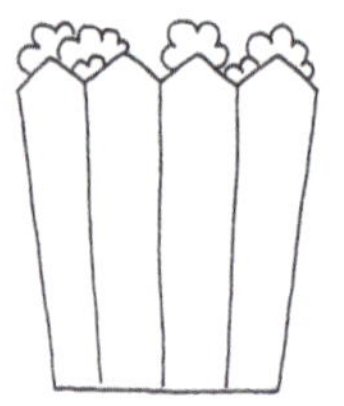

4

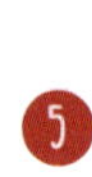

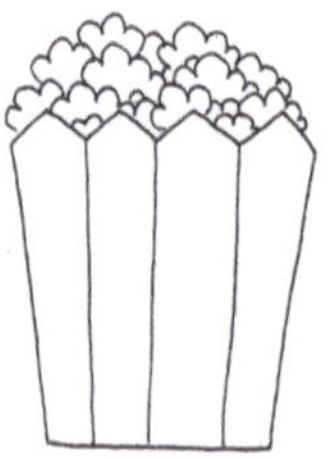

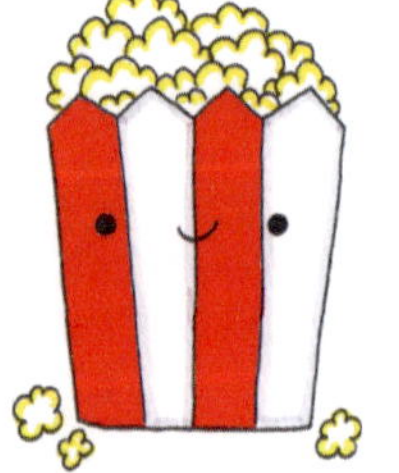

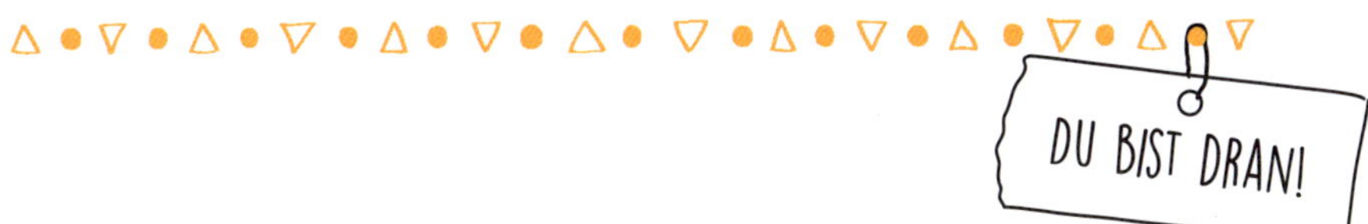

FILM-MAGIE

Gib deinem Popcornbecher einen bequemen Sitz, damit er seinen Lieblingsfilm genießen kann – vielleicht Herr der Fritten?

EISKALTES STIELEIS

1

2

3

4

GEFRORENE FREUNDE

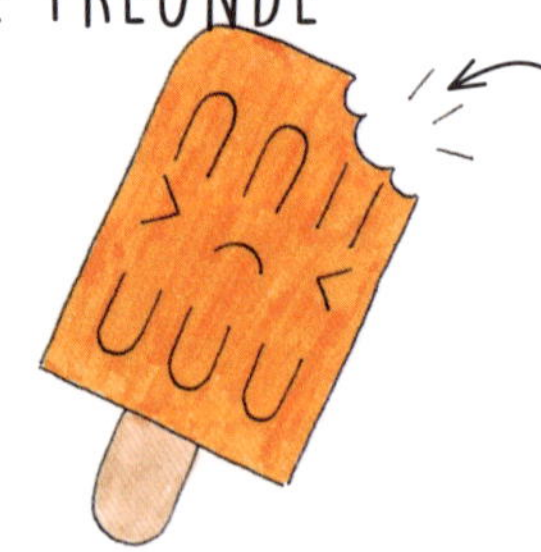

Nimm einen Bissen von diesem Eis am Stiel, und er bekommt Gehirnfrost.

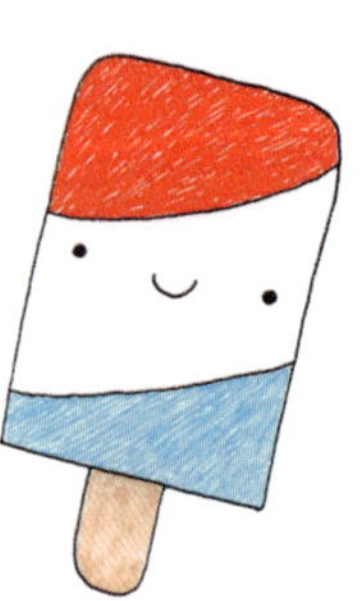

WAGE EINEN VERSUCH, DEIN LIEBLINGSEIS ZU ZEICHNEN!

ENTZÜCKENDE EISLUTSCHER

Mit Schokolade überzogen, mit Fruchtgeschmack, verziert, dekoriert oder schlicht – was kann man daran nicht mögen? Es gibt sogar Eislutscher in Form von Raketen, Ballons und Sternen ... Es ist höchste Zeit für etwas „Forschung"!

SUPER SANDWICH

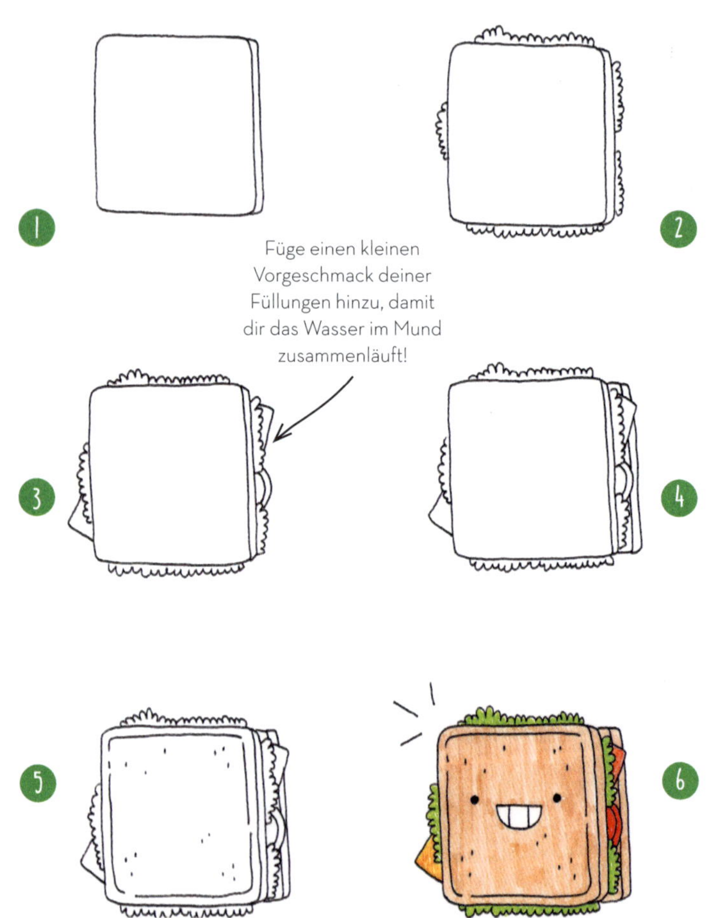

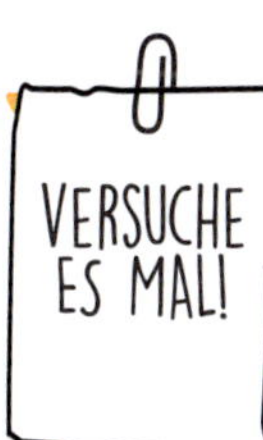

WEIß, BRAUN ODER SCHWARZ?

Läute Veränderungen ein, indem du verschiedene Brotsorten zeichnest. Weißbrot mit einer schönen Kruste, Körnerbrot, dunkles Roggenbrot - versuche, verschiedene Texturen zu zeichnen.

BÄCKEREI

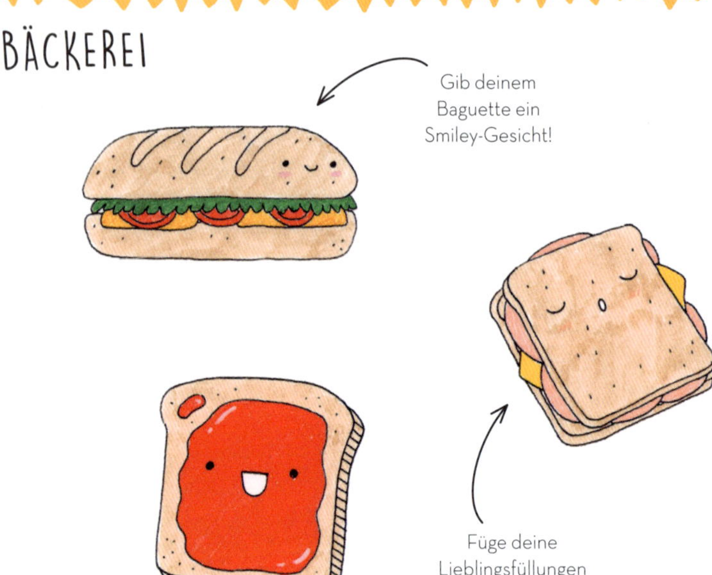
Gib deinem
Baguette ein
Smiley-Gesicht!
Füge deine
Lieblingsfüllungen
hinzu!

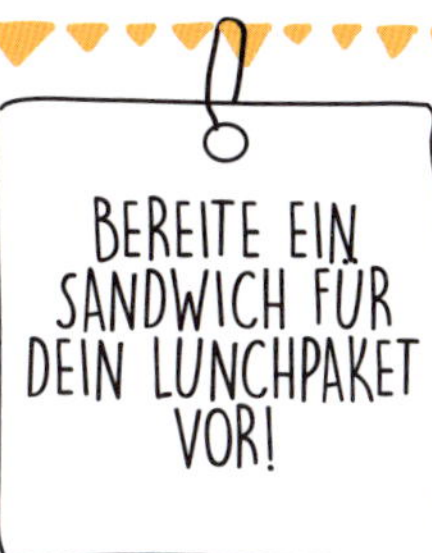

OBERKRUSTE

Wer sagt denn, dass Sandwiches aus fertigem Brot gemacht werden müssen? Vom Baguette bis zum Bagel, vom Brötchen bis zum Sauerteig – es gibt für die lecker aussehenden Zeichnungen eine Vielfalt an Broten zu entdecken. Schaffst du es, ein Dutzend Brote zu backen?

LECKERE TACOS

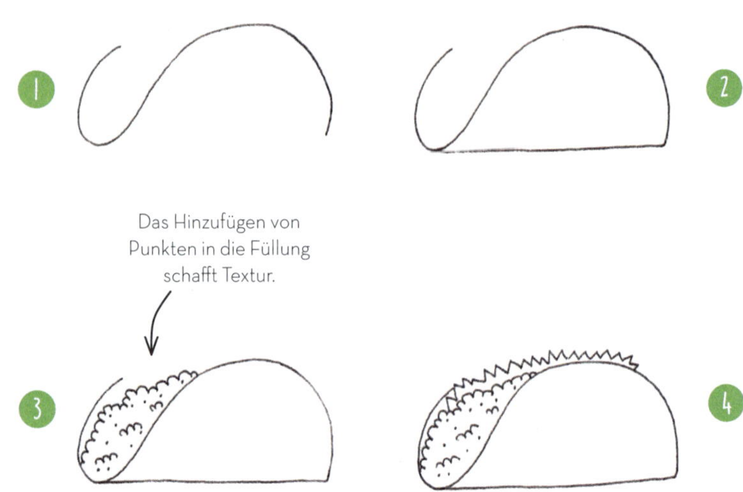

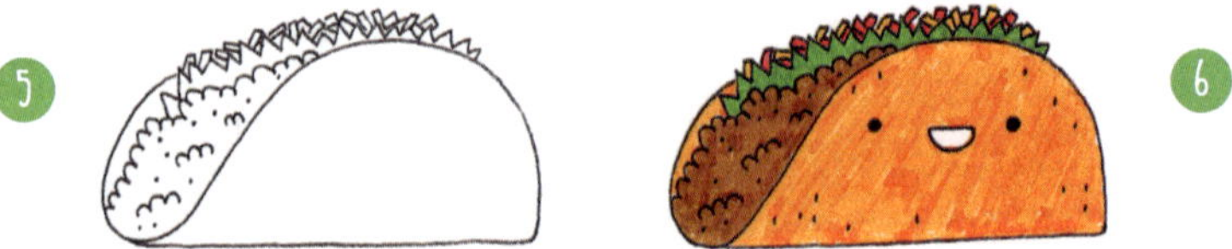

VERSUCHE ES SELBST!

TACO-FEST

Fülle deine Tacos mit schmackhaften Füllungen – Huhn, Rindfleisch, Gemüse und jede Menge scharfe Chilis!

MELKEN

1

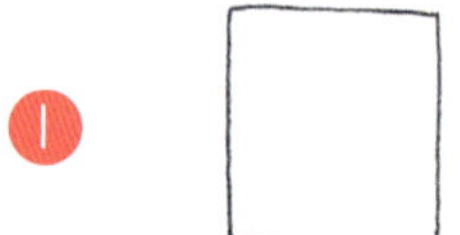

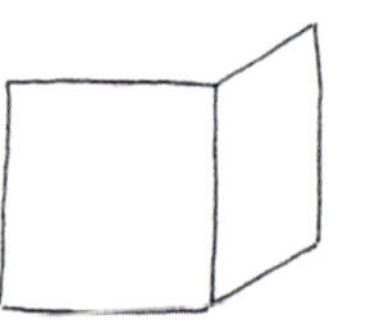

2

3

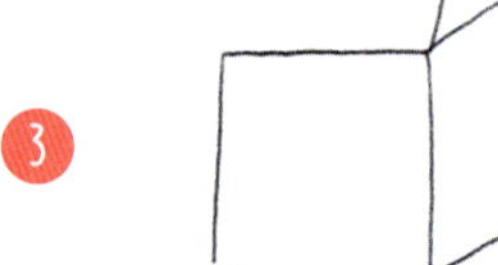

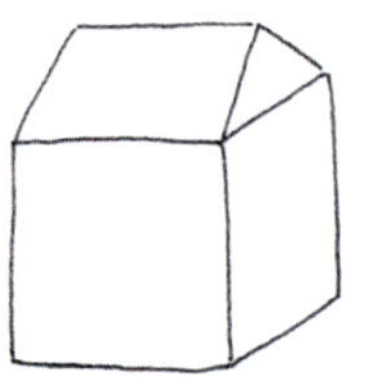

4

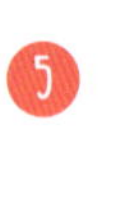

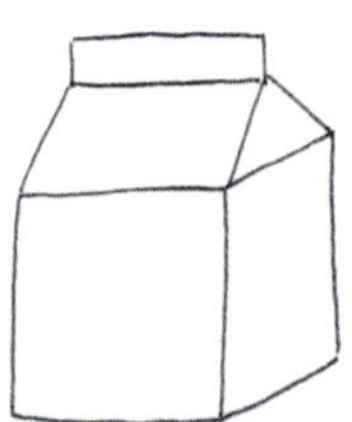

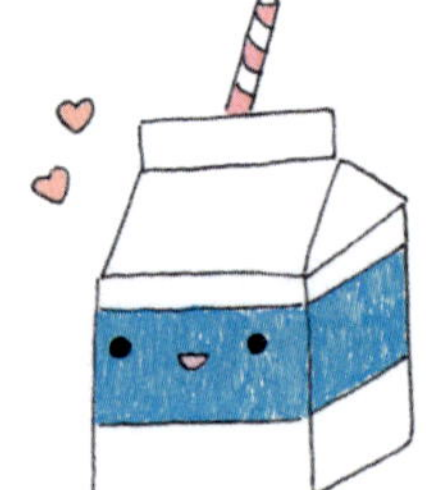

6

DU BIST DRAN!

SCHLÜRF, SCHLÜRF!

Flach und gedrungen, hoch und schmal – Getränkekartons gibt es in vielen verschiedenen Größen. Überlege dir, wie du die Dekoration auf den Inhalt abstimmen kannst, indem du mit der Farbe des Etiketts spielst.

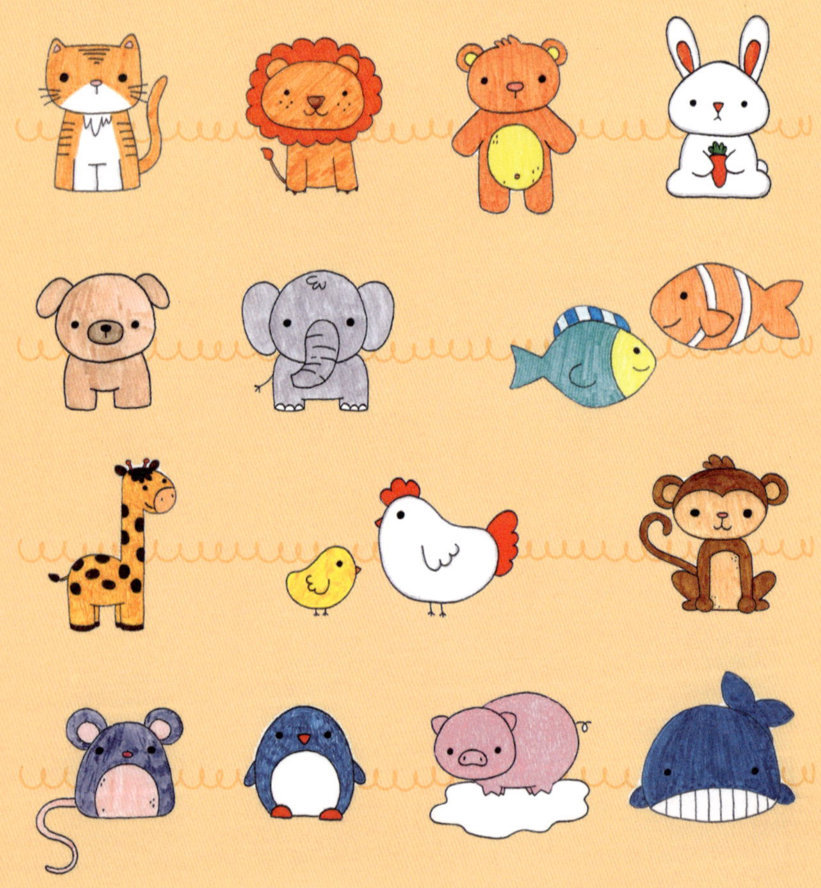

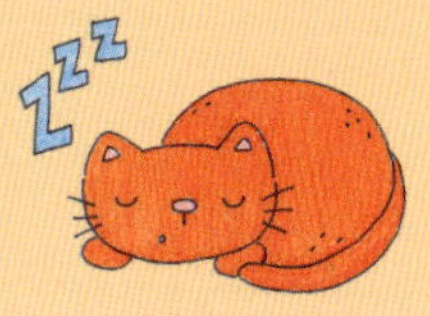

TIERE

Tiere gibt es in verschiedenen Formen und Größen, Farben und Mustern. Hier zeige ich dir einfache Schritte, wie man einige meiner Lieblingstiere zeichnet – von einer normalen Hauskatze bis hin zum König des Dschungels! Und natürlich werde ich jeder Zeichnung einen Hauch von Kawaii geben.

KATZEN

1

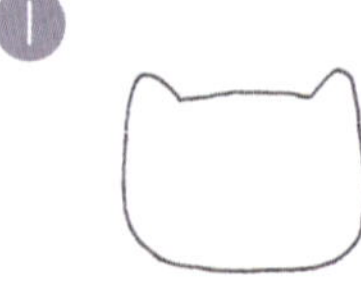

2

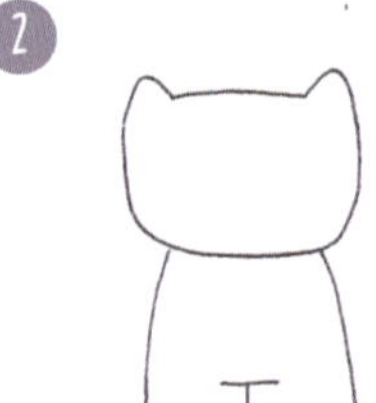

3

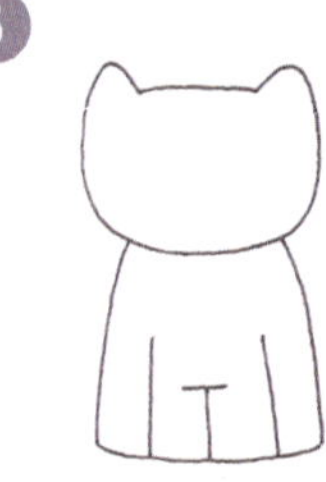

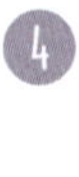

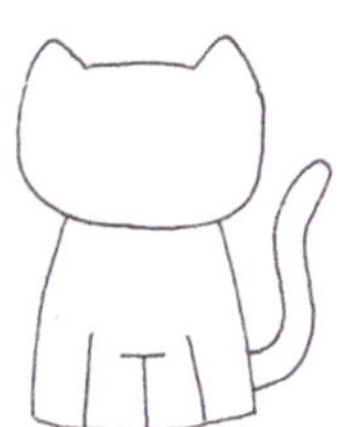

5

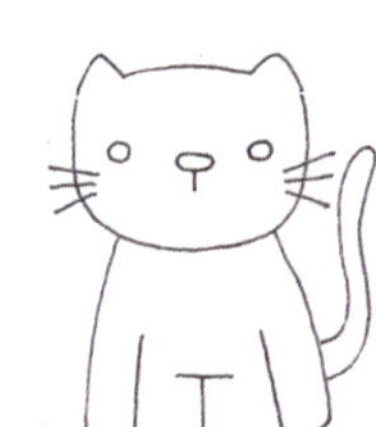

6

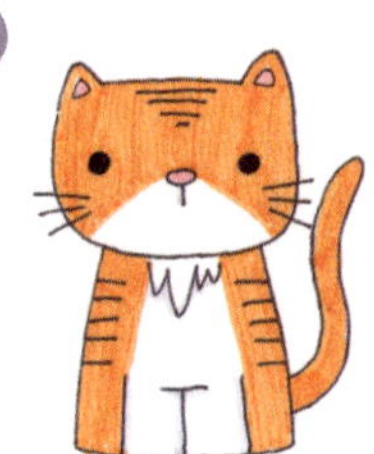

SÜẞE KÄTZCHEN

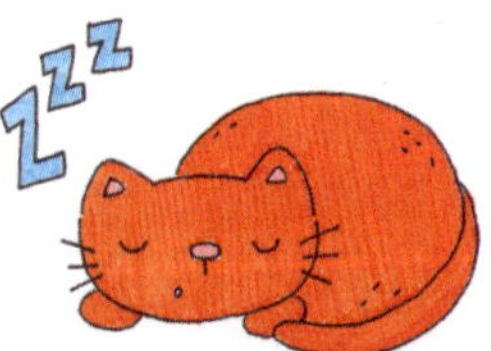

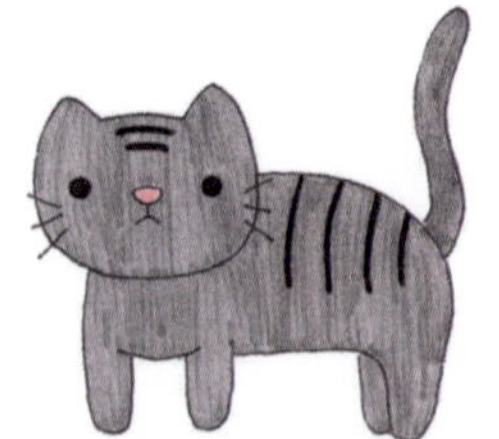

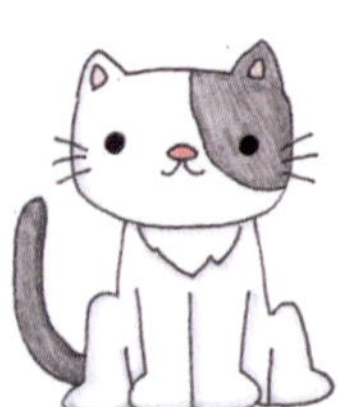

Verwende die gleiche Kopfform zum Zeichnen verschiedener Arten von Katzen, stehend, sitzend oder schlafend.

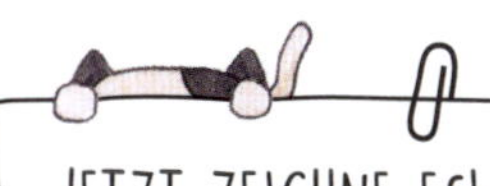

JETZT ZEICHNE ES!

Zeichne deinen schnurrigen Kater in das freie Feld.

VERSPIELTE KÄTZCHEN

Folge den nebenstehenden Schritten oder zeichne deinen eigenen Katzenfreund. Beginne mit einfachen „Posen" wie die nebenstehenden Kätzchen, und gehe dann zu einer spielenden Katze oder einem spielenden Kätzchen über.

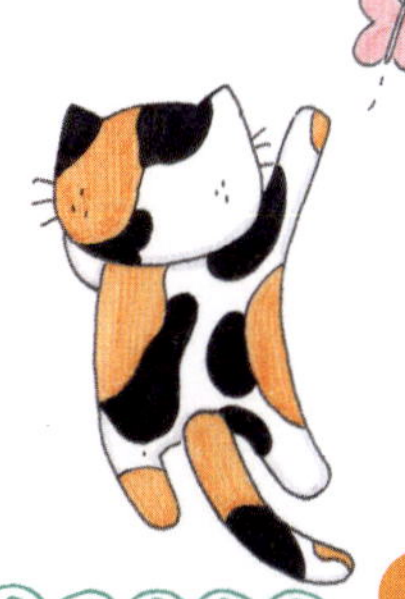

KÖNIG DES DSCHUNGELS

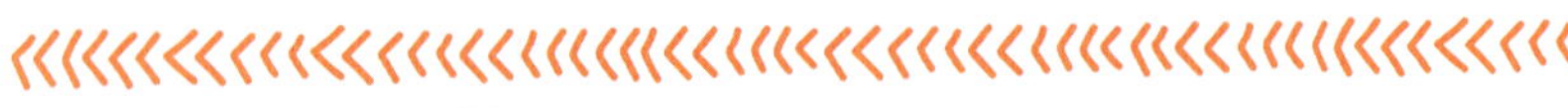

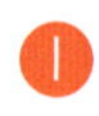

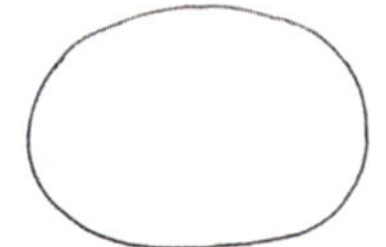

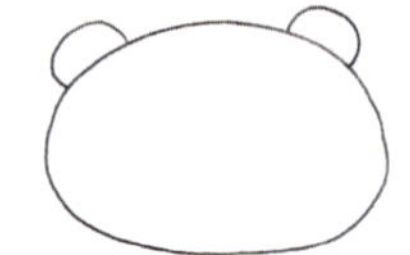

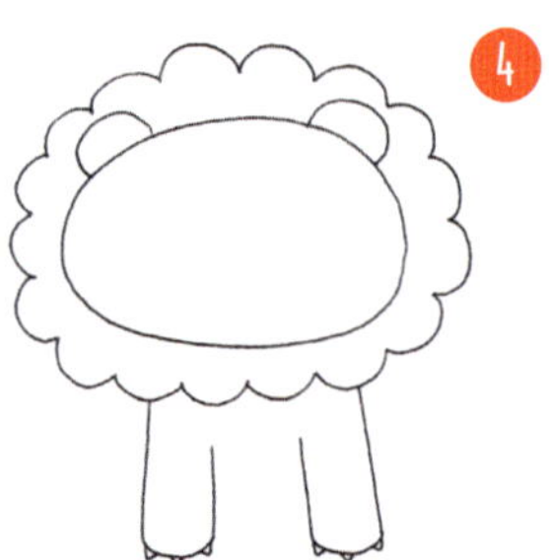

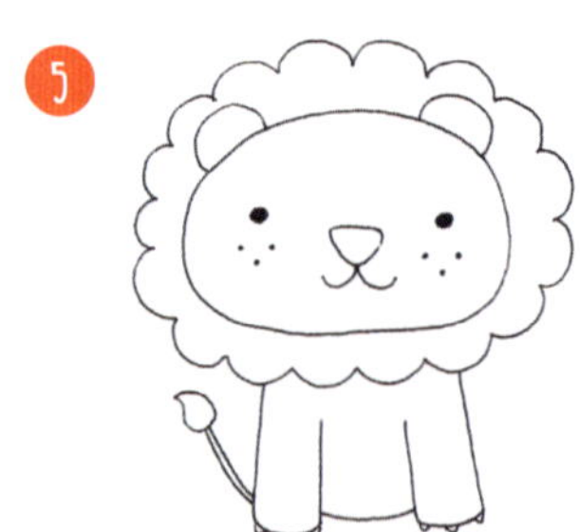

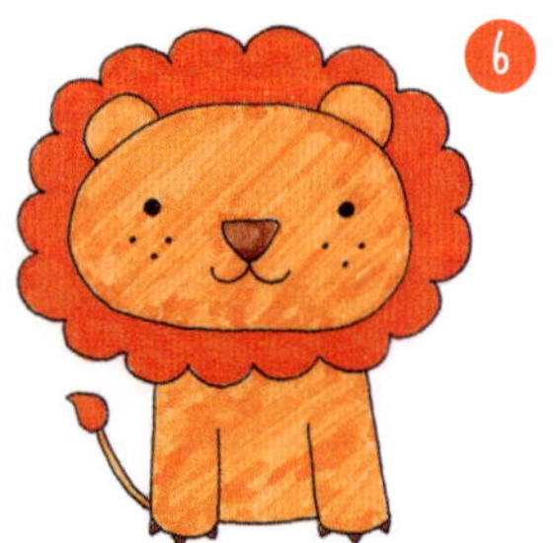

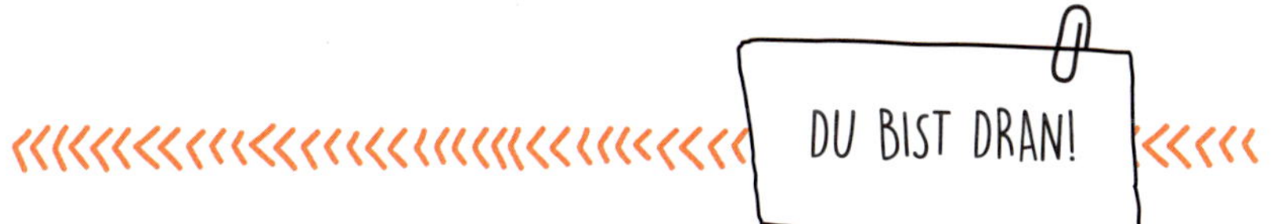

KÖNIG DER LÖWEN

Dieser König des Dschungels sieht ein bisschen wie ein Weichei aus – eine echte Schmusekatze! Erschaffe ein ganzes Löwenrudel um ihn herum, indem du die zottelige Mähne für die Löwinnen weglässt und kleinere Zeichnungen für die verspielten Jungtiere ergänzt.

KLEINE BÄREN

1

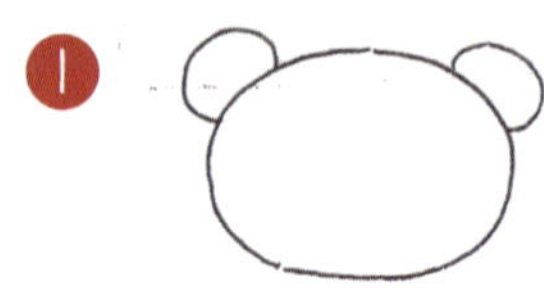

2

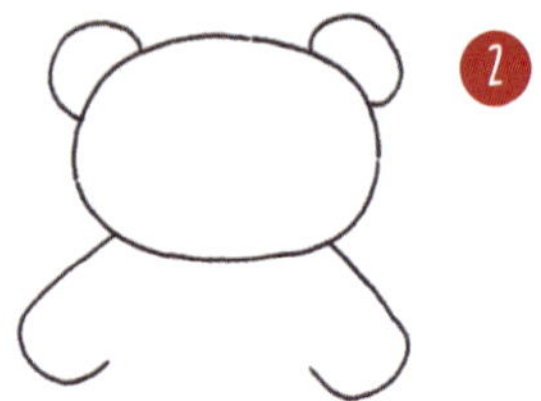

3

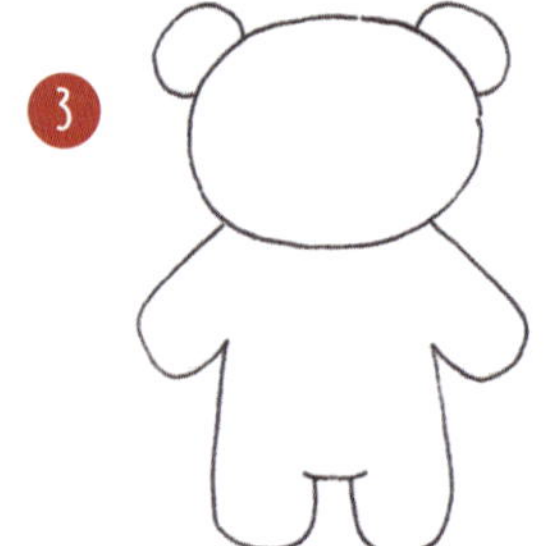

4

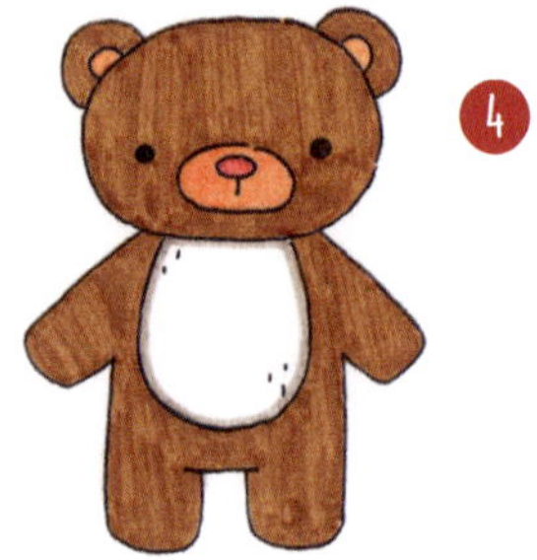

VIELE BÄRENRASSEN

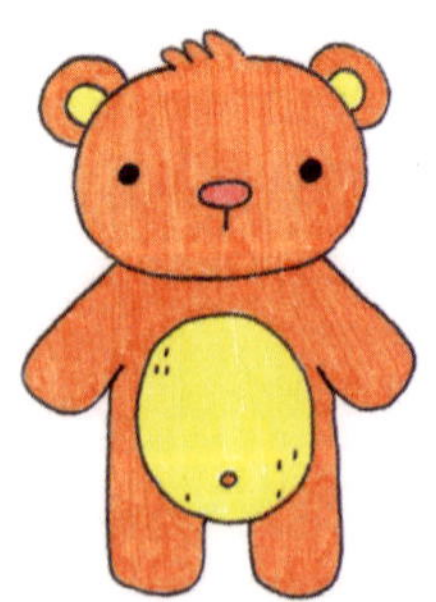

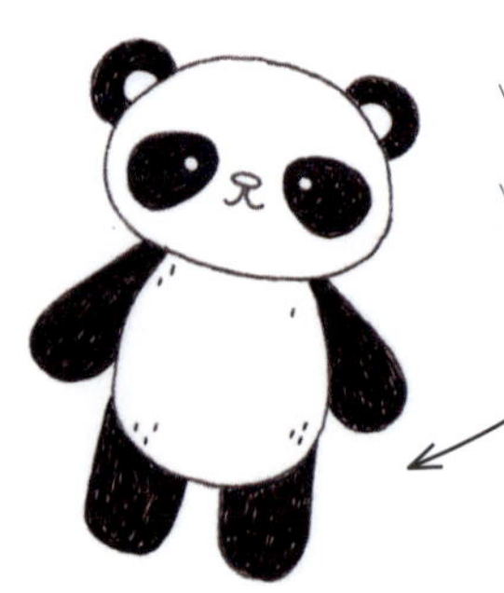

Verwende verschiedene Farben, um verschiedene Bärenrassen darzustellen.

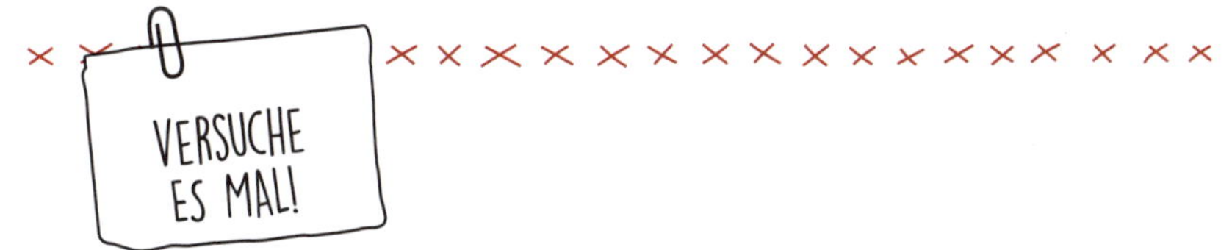

KNUDDELIGE BÄREN

Eine spitze Schnauze, kleine Ohren und ein runder Bauch tragen dazu bei, dass dein Bär knuddelig und niedlich aussieht. Probiere auch verschiedene Farben aus – Du musst dich nicht an das halten, was Mutter Natur vorgibt!

HÄSCHEN HÜPF

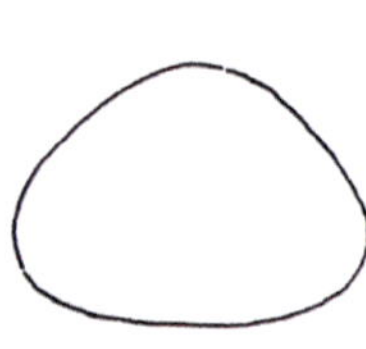

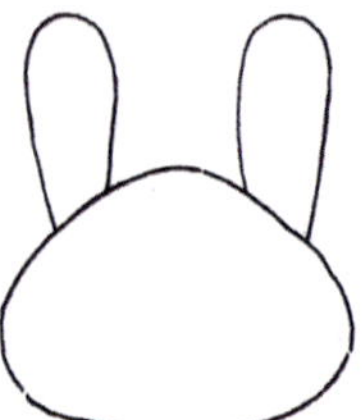

2

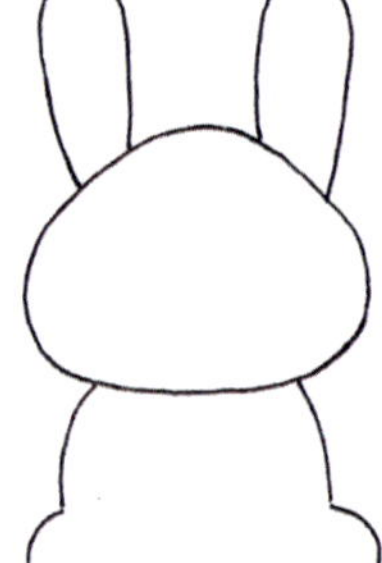

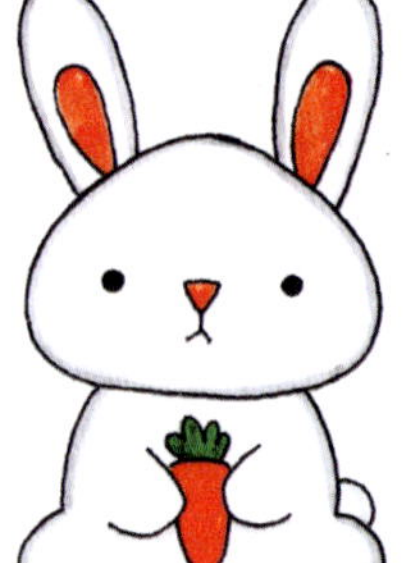

4

OHREN ANLEGEN

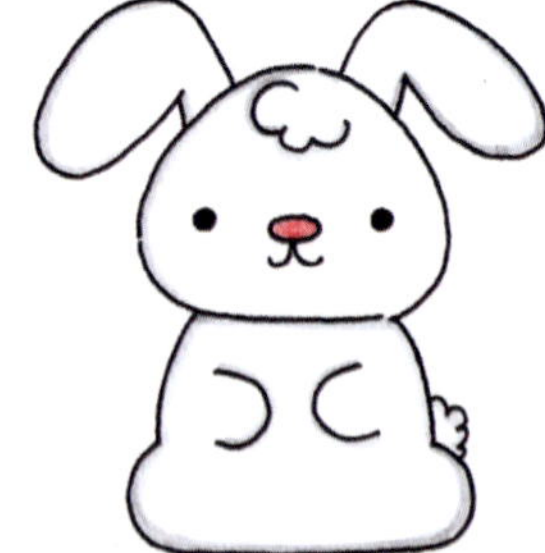

Spiele mit den Ohren des Häschens - zeichne sie aufrecht, um zu zeigen, dass dein Charakter wachsam ist, oder hängend, für ein niedliches Schlappohr-Aussehen.

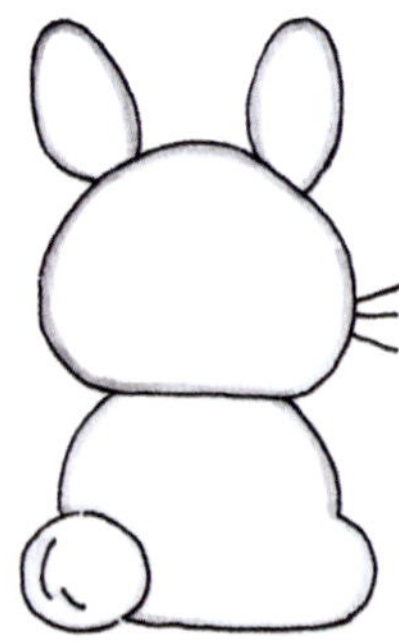

PUTZIGE HÄSCHEN

Wie viele verschiedene Ausdrücke kannst du deinen Häschen geben? Fröhlich, traurig, entspannt, ängstlich: Es kommt auf die Neigung der Ohren und die Form des Mundes an.

HUNDELEBEN

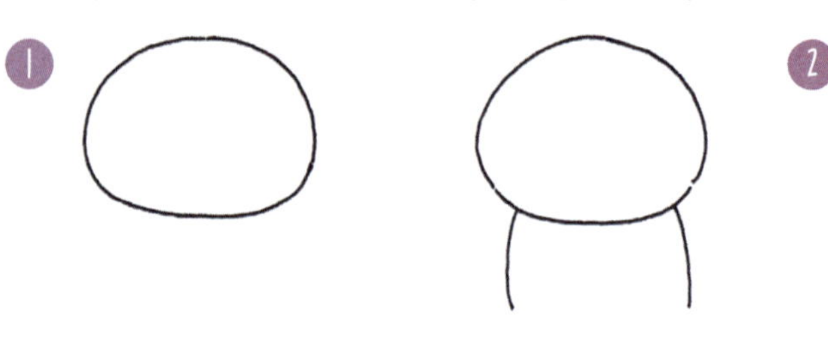

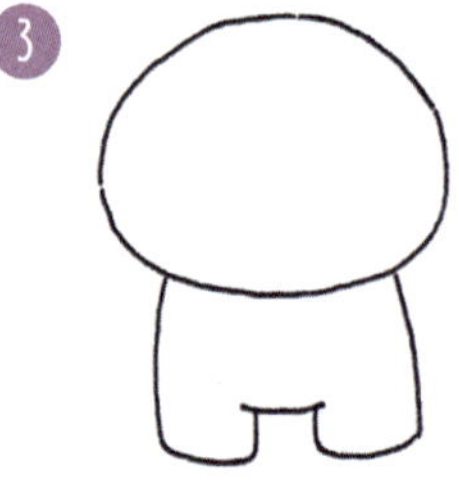

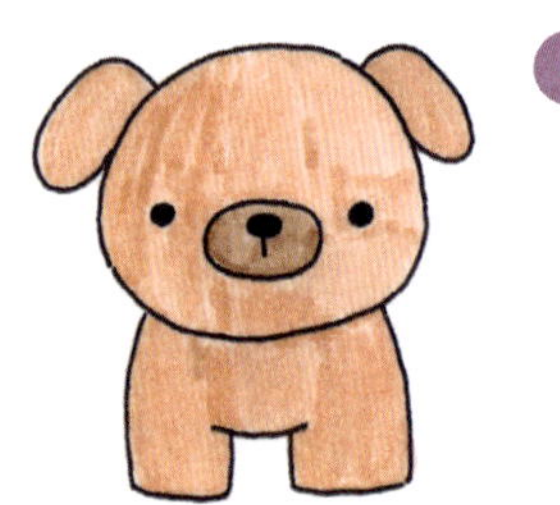

EINE ANDERE RASSE

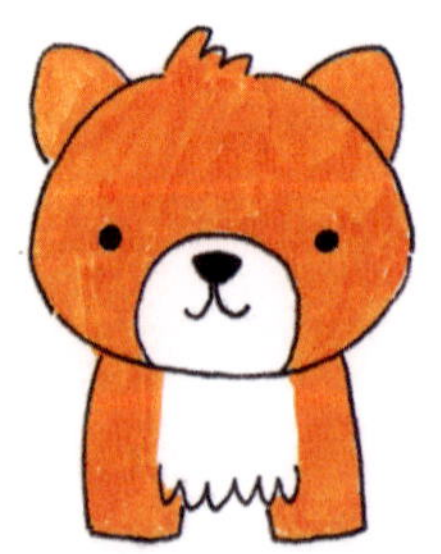

Zeichne verschiedene Hunderassen durch Veränderung der Form der Ohren, der Nase und des Mundes.

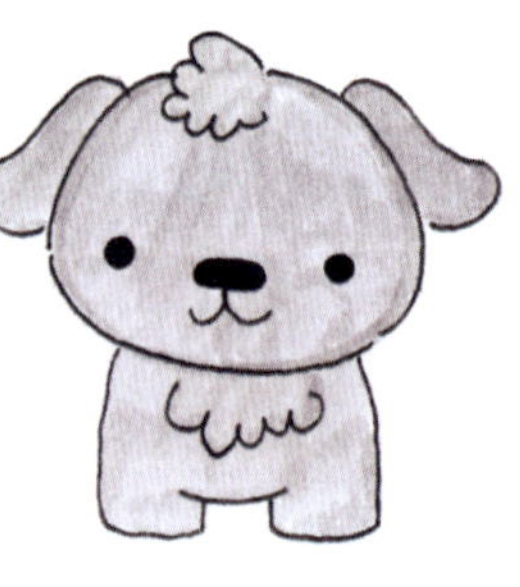

VERSUCHE ES MAL!

DER BESTE FREUND DES MENSCHEN!

Versuche, einen Hund zu zeichnen, der einem Ball hinterher springt oder sich sogar aufrichtet und um einen Knochen bettelt. Manchmal muss man schlafende Hunde wecken.

EIN ELEFANT VERGISST NIE ETWAS

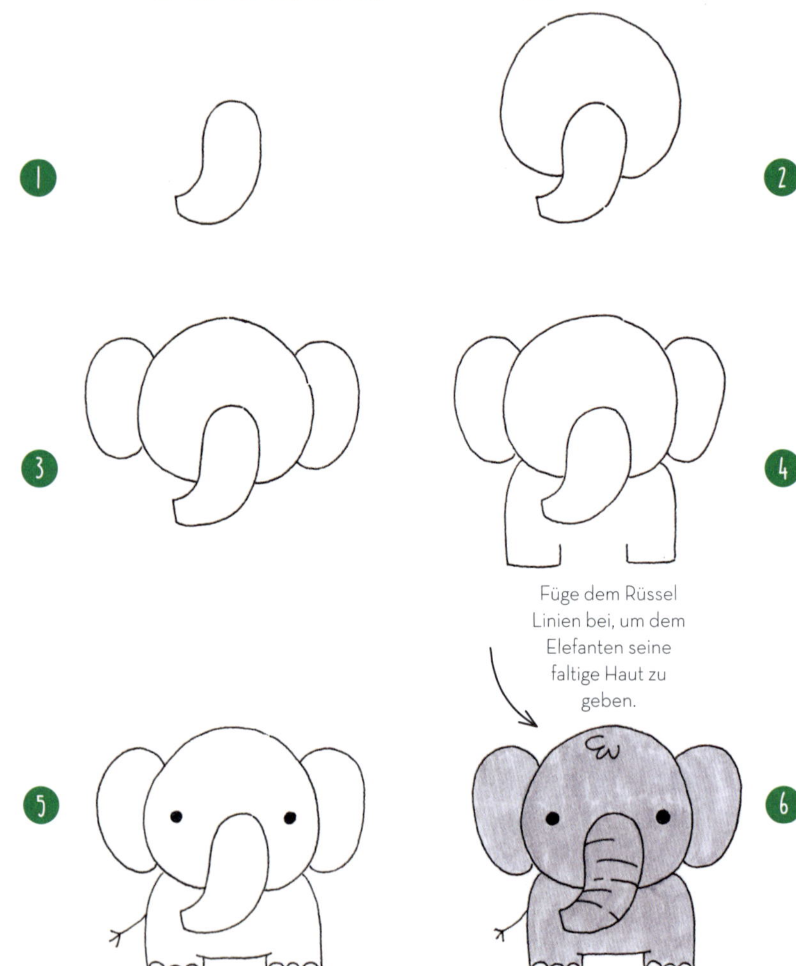

JUMBOS FAMILIE

Male eine ganze Elefantenfamilie in einer Reihe, wobei sich jeder mit seinem Rüssel am Schwanz des Vordermannes festhält. Beginne mit dem großen Bullen an der Spitze und arbeite dich bis zum kleinen Kalb am Ende der Reihe vor – und schenke ihnen ein fröhliches Lächeln!

NACH KOMPLIMENTEN FISCHEN

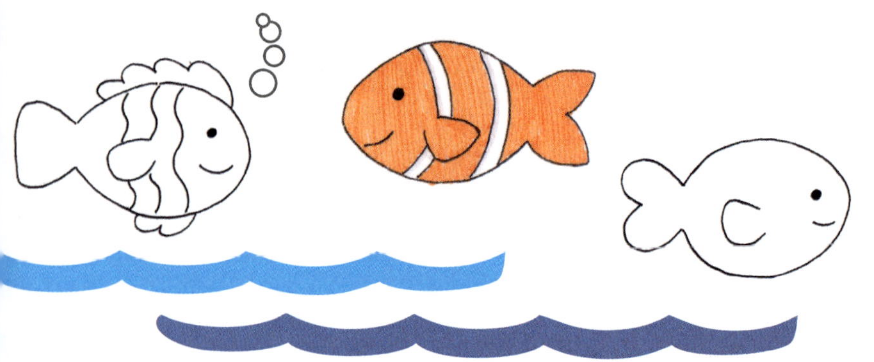

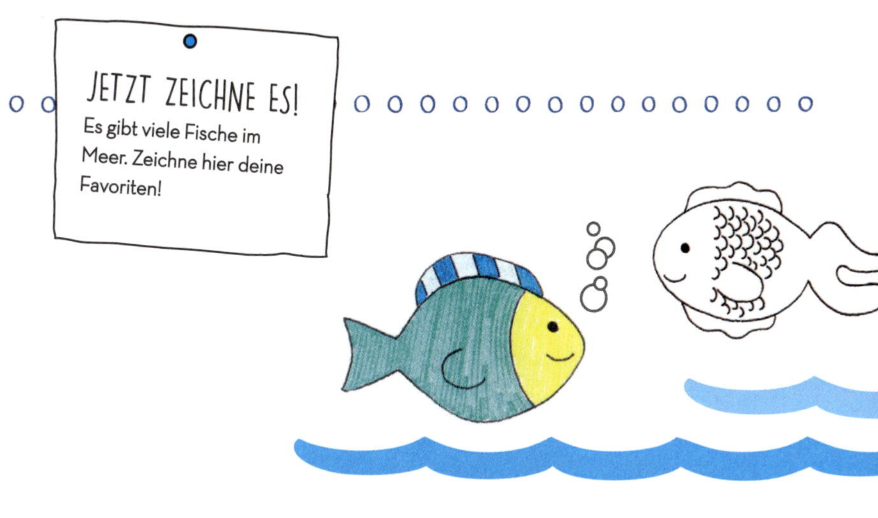

FISCHERS FRITZE FISCHT FRISCHE FISCHE!

Gestalte einen ganzen Schwarm fantastischer Fische! Variiere die Form des Schwanzes und der Flossen und treibe es mit Farben und Mustern auf die Spitze.

GRAZIÖSE GIRAFFE

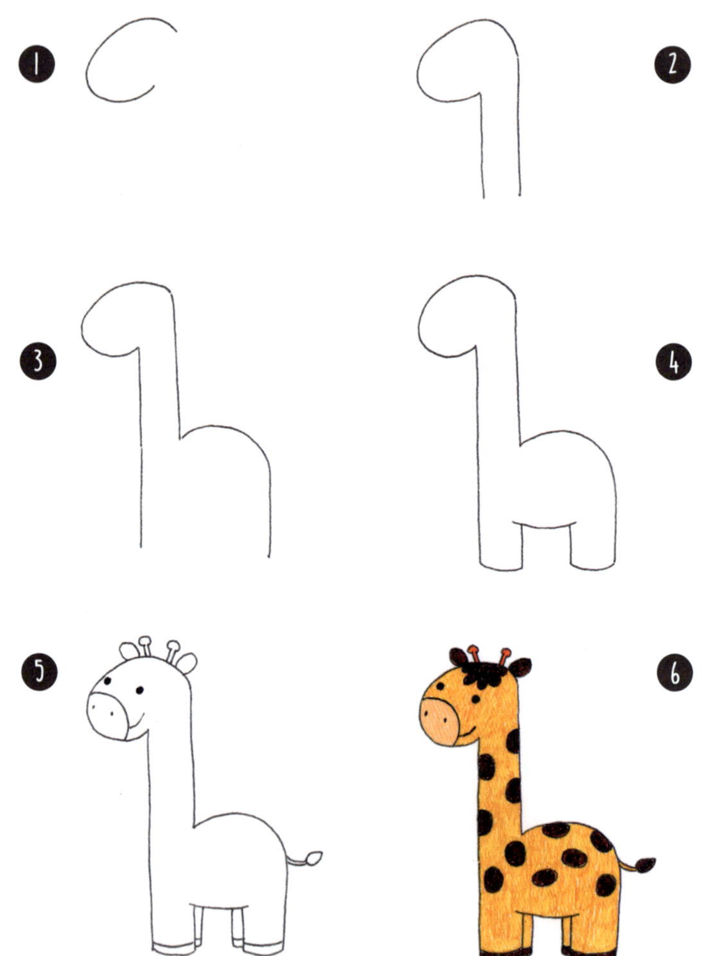

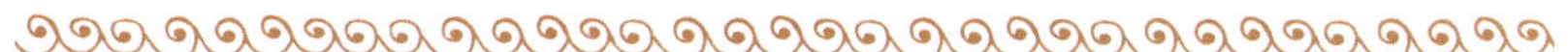

ERKENNE DEN UNTERSCHIED!

Man sagt, ein Leopard kann seine Flecken nicht wechseln, aber es gibt keinen Grund, warum deine Giraffe sie nicht ändern sollte! Wie viele fantastische Farbkombinationen kannst du dir ausdenken?

MUTTER UND KÜKEN!

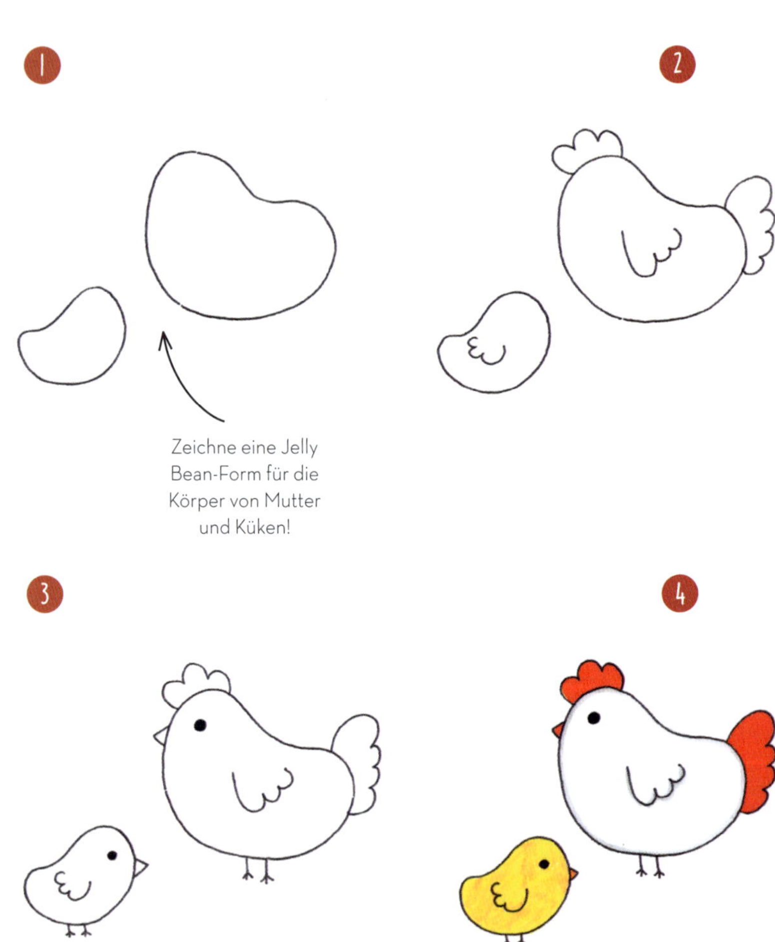

VERSUCHE ES SELBST!

GACKER, GACKER!

Füge deinem Bild ein Gelege und vielleicht sogar ein Küken, das aus der Schale schlüpft, hinzu, damit deine Mutterhenne etwas zu gackern hat.

AFFENTHEATER

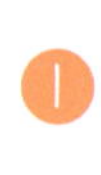

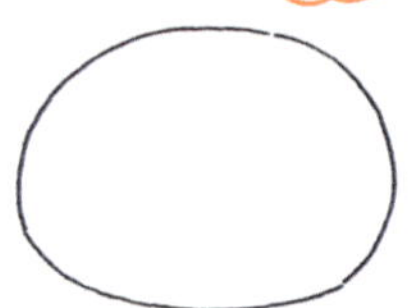

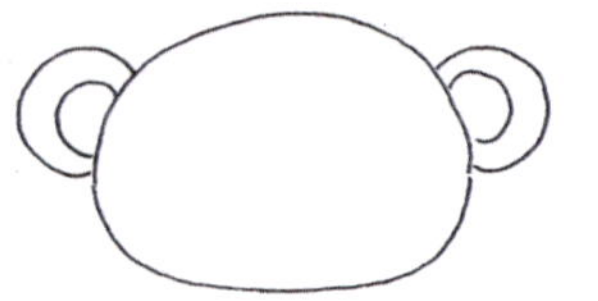

2

3

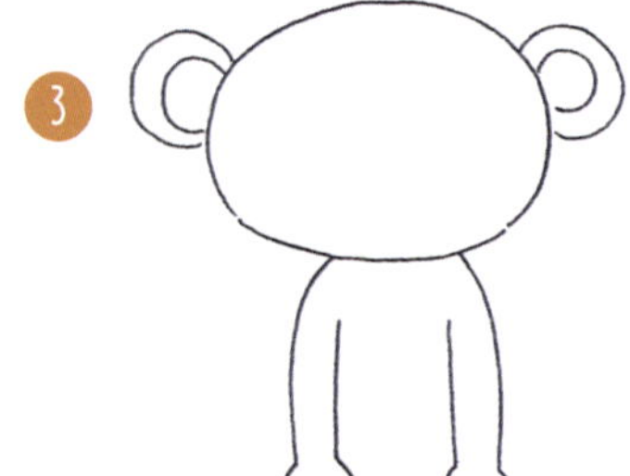

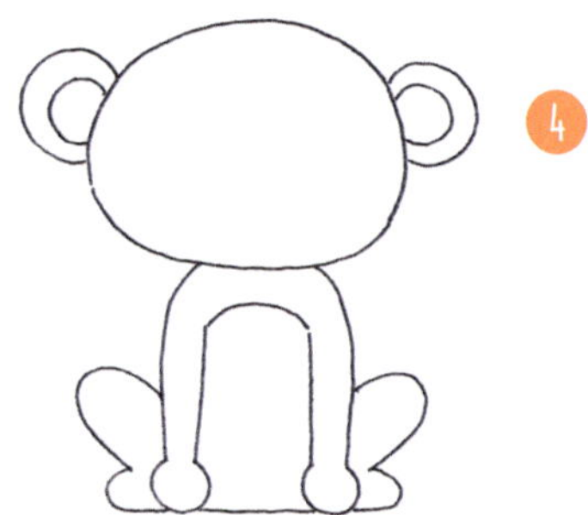

4

5

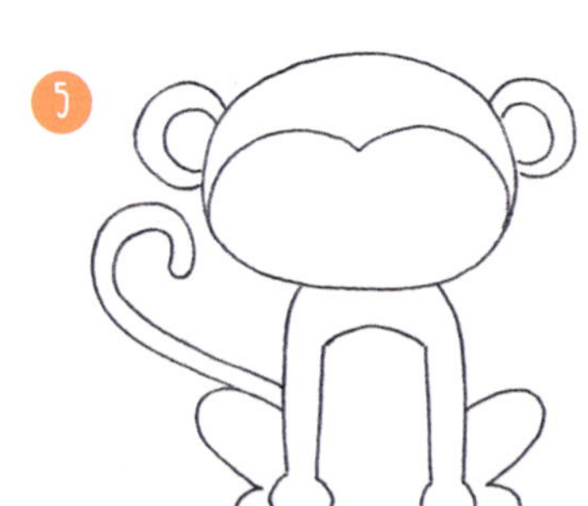

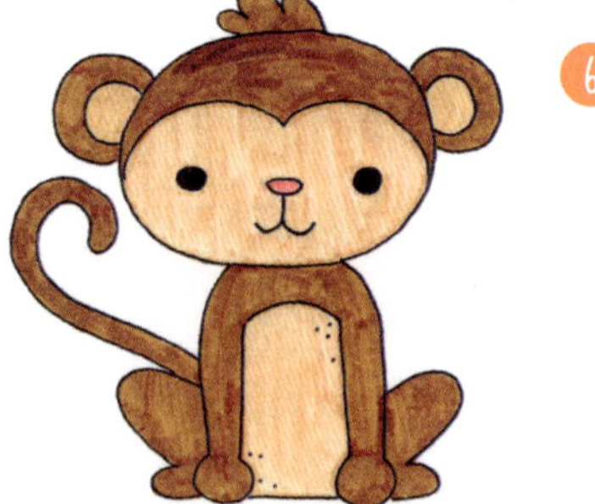

6

ZEICHNE ÄFFCHEN, DIE LUSTIGE GESICHTER HABEN.

IM DSCHUNGEL

Warum nicht einen Affen zeichnen, der sich am Schwanz vom Ast eines Baumes schwingt oder eine Banane isst? Vergiss nicht, ihm ein freches Grinsen zu schenken!

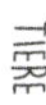

MUCKSMÄUSCHENSTILL

1

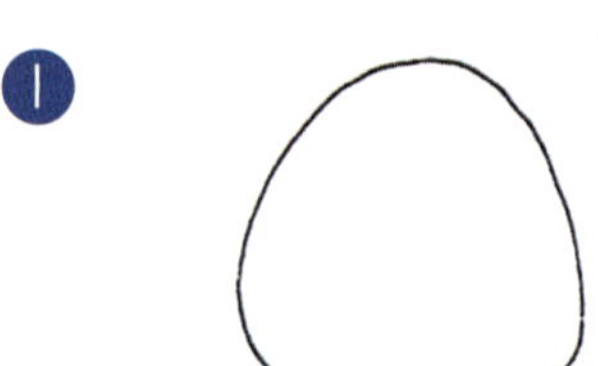

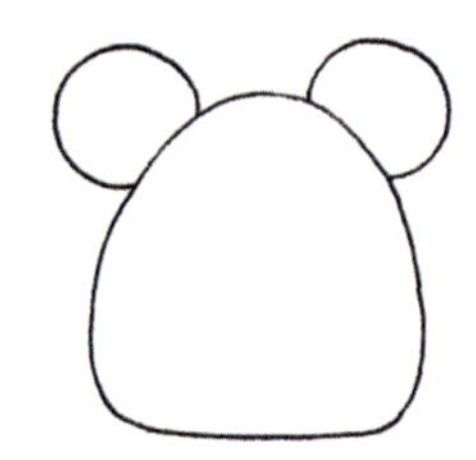

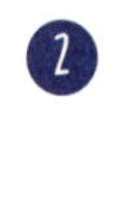

3

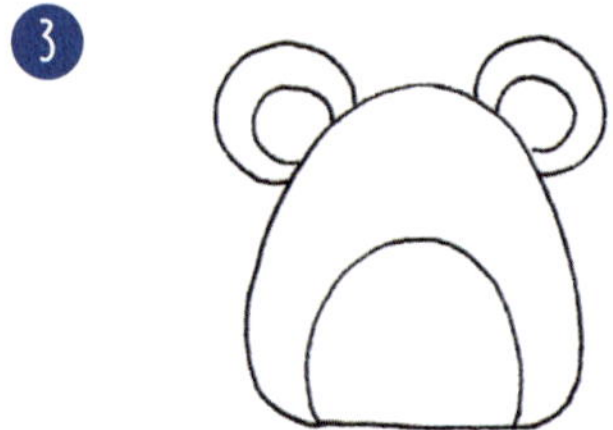

4

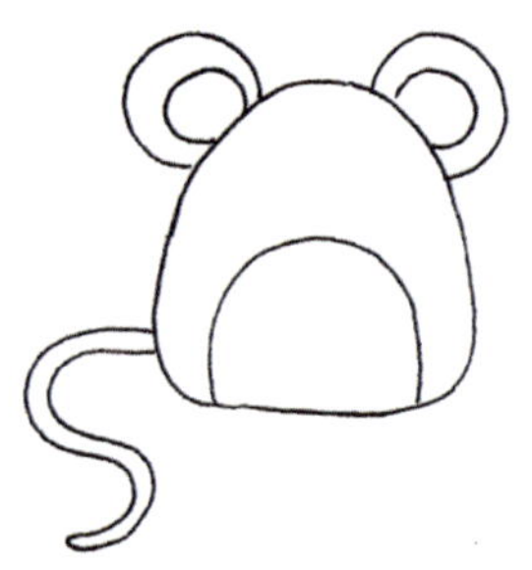

5

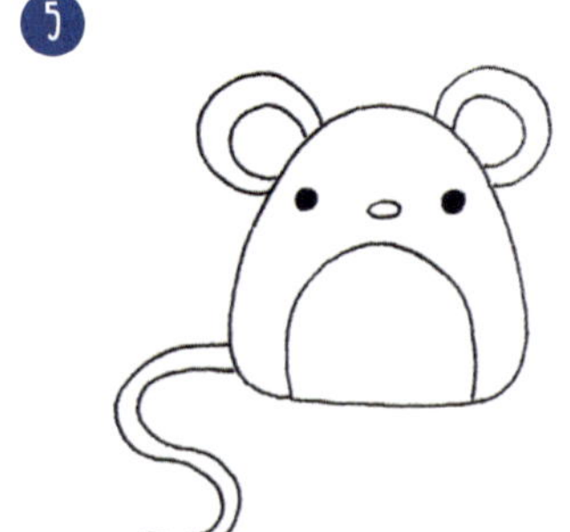

6

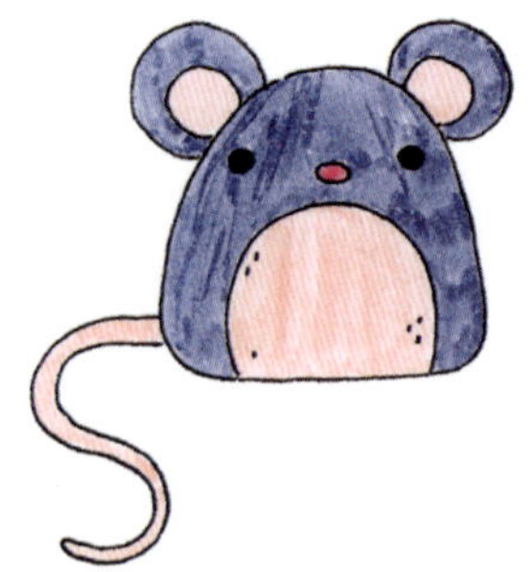

MÄUSERUDEL

Wusstest du, dass der Sammelname für eine Gruppe von Mäusen ein Mäuserudel ist? Wie schelmisch kannst du deine Mäuschen aussehen lassen?

PUMMELIGE PINGUINE

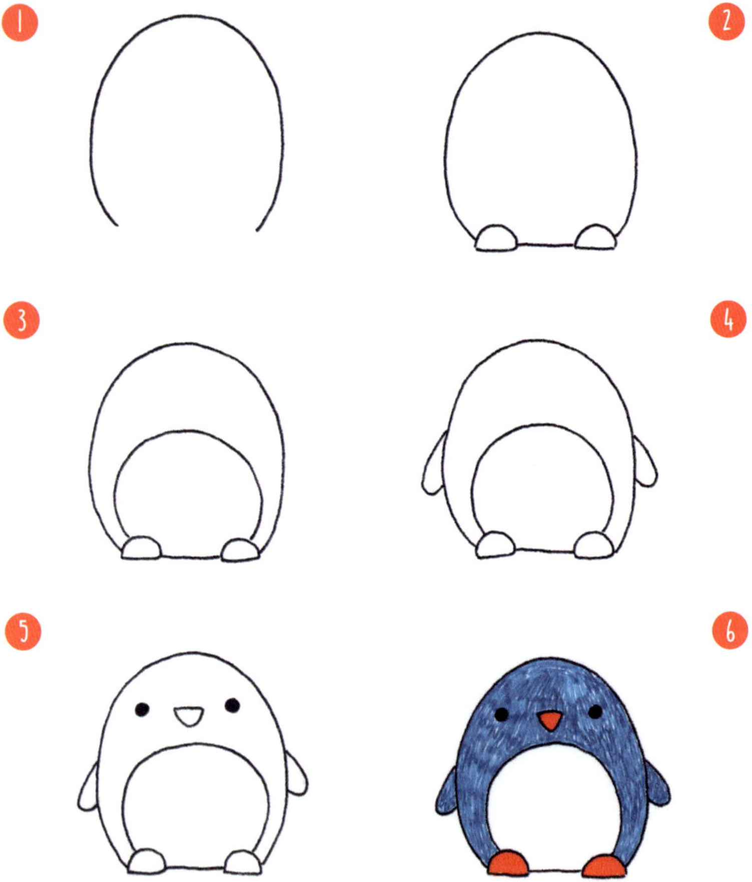

1

2

3

4

5

6

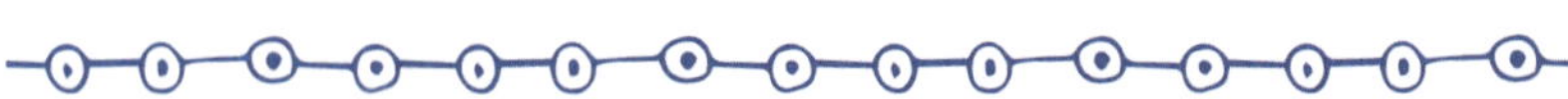

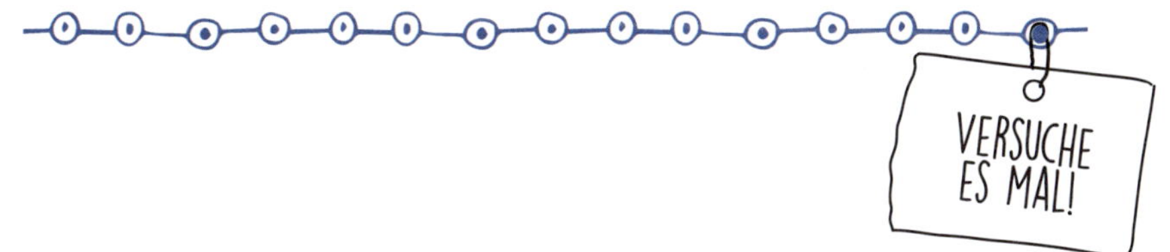

PINGUINE BEIM SPIEL

Pinguine sehen komisch aus, wenn sie an Land herumschlurfen – aber wenn du deine kleinen Pinguine von einem großen weißen Eisberg ins Meer rutschen lässt, sind sie in ihrem Element!

GLÜCKLICHE SCHWEINCHEN

1

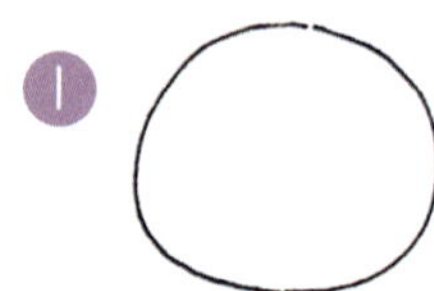

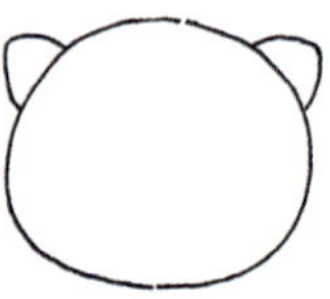

3

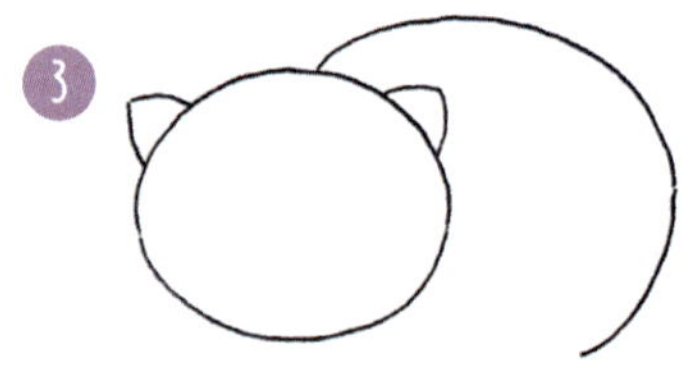

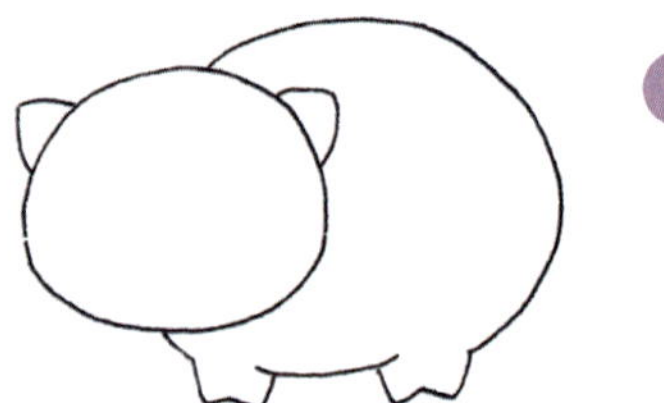

4

5

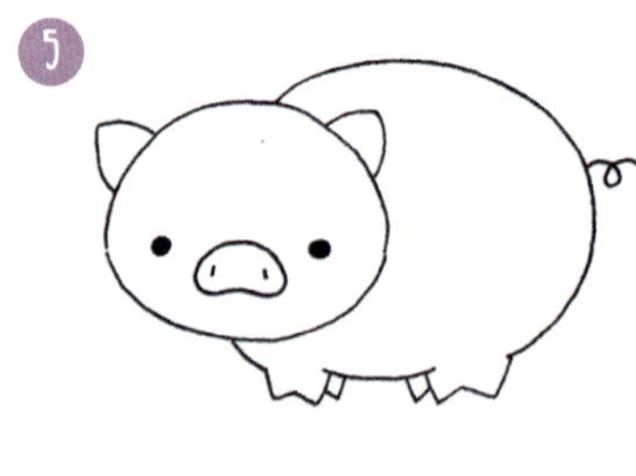

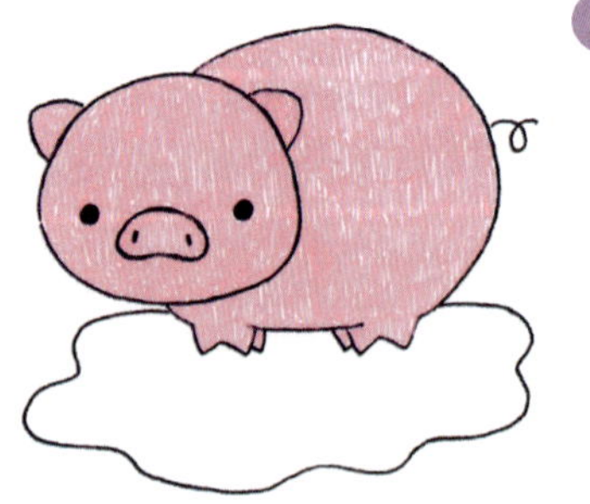

6

OINK, OINK!

Dieses kleine Schweinchen ging zum Markt, dieses kleine Schweinchen blieb zu Hause ... Wohin werden deine kleinen Schweinchen gehen?

FANTASTISCHE WALE UND DELFINE

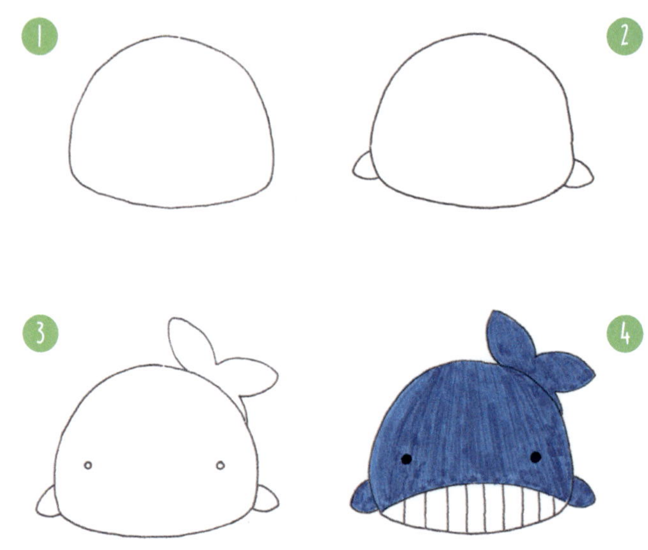

FREUNDLICHE GESICHTER

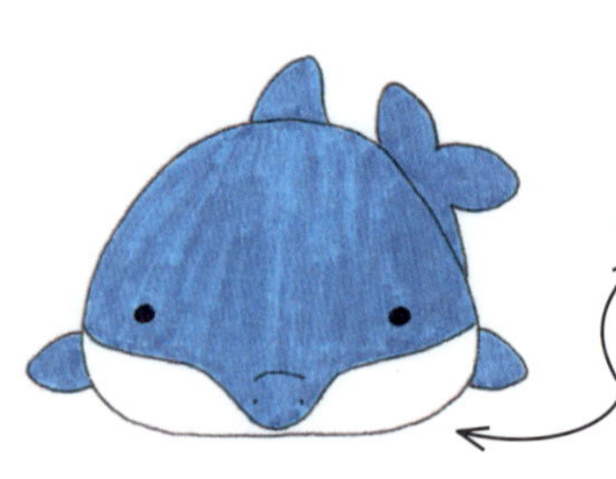

Ändere das Gesicht deines Meerestieres, um einen Orca oder einen Delfin zu erschaffen!

ZEICHNE ES!

SPUCK'S AUS!

Zeichne deinen Wal, der Wasser ausstößt, als er aus den Wellen auftaucht.

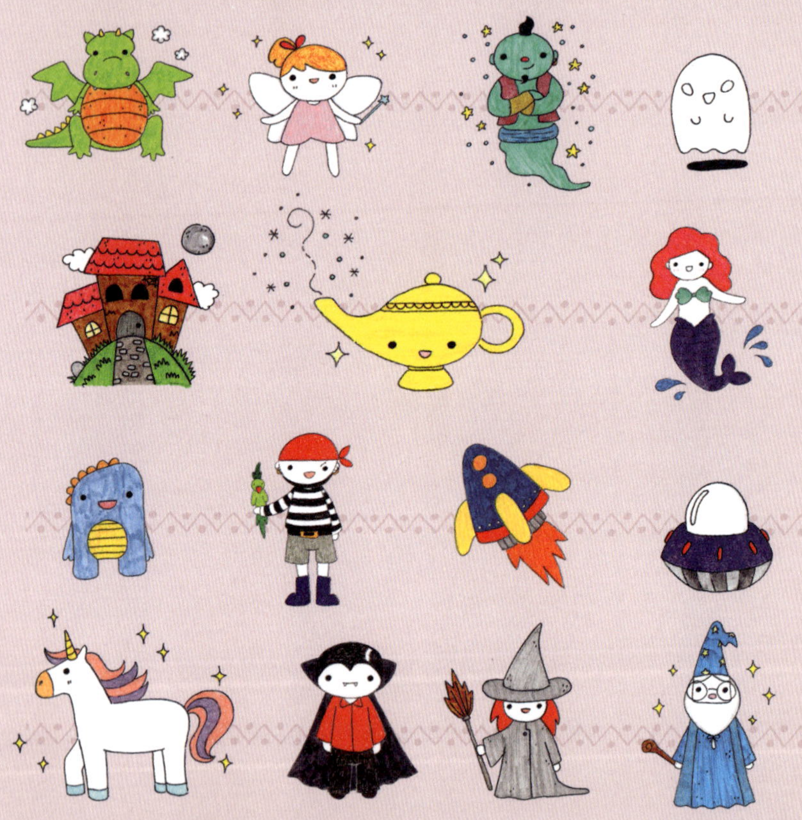

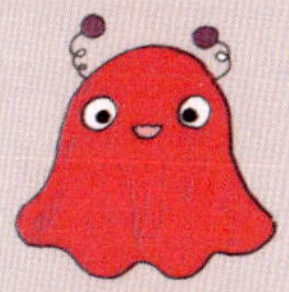

FANTASIE

Nutze deine Vorstellungskraft zum Zeichnen einzigartiger Figuren und Objekte. Ich werde dir zeigen, wie man einfache, erfundene Figuren zeichnet, wie zum Beispiel ein Einhorn, einen Flaschengeist, eine Meerjungfrau und einen Zauberer. Du kannst deine Zeichnungen ganz persönlich gestalten – warum gibst du deiner kleinen Hexe nicht einen Stab, mit dem sie zaubern kann?

DER ZAUBERDRACHE

1

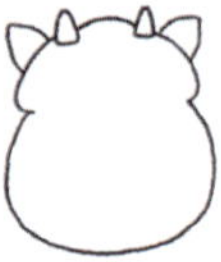

2

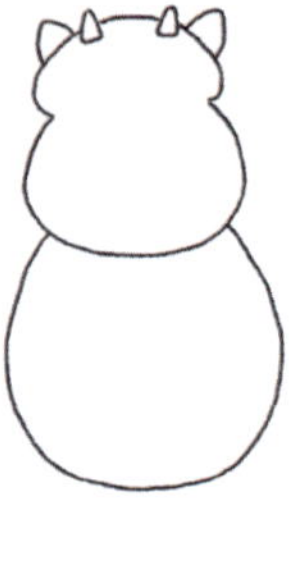

3

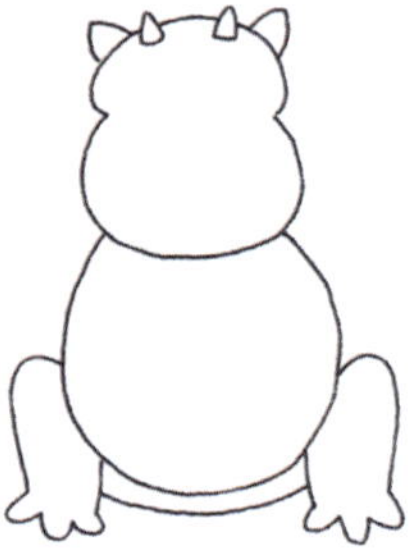

4

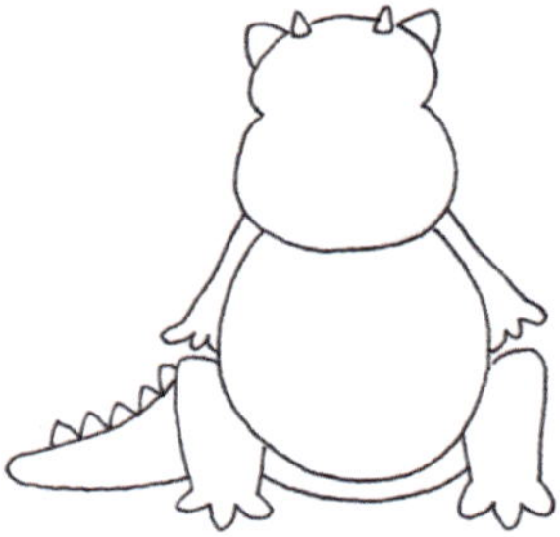

5

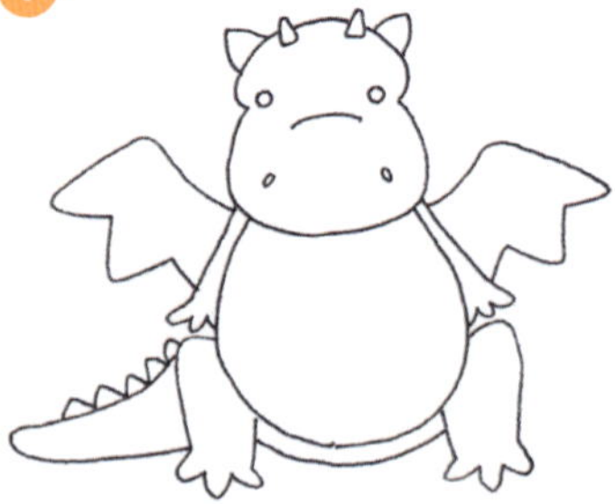

6

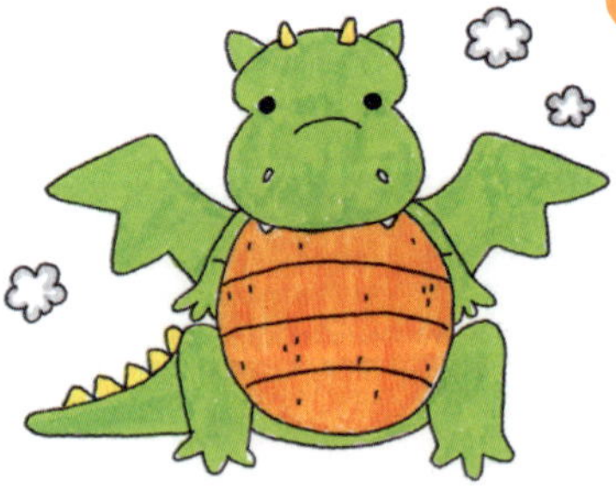

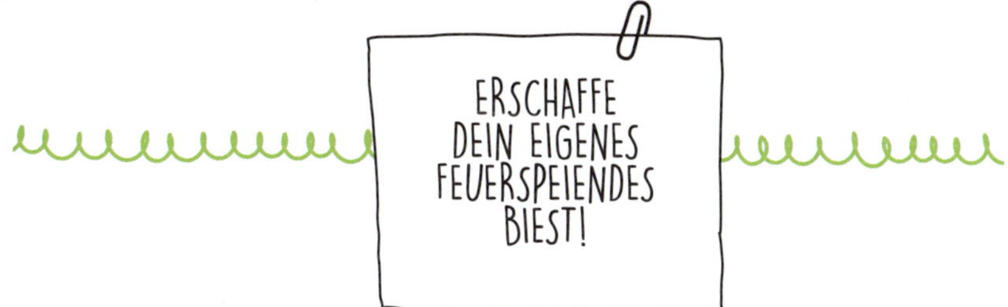

BEFLÜGEL DEINE FANTASIE

Wenn sie nicht gerade Flammen durch ihre Nasenlöcher spucken und unschuldige Passanten verbrennen, bewachen Drachen traditionell Goldschätze. Was soll dein Drache beschützen?

DIE GUTE FEE

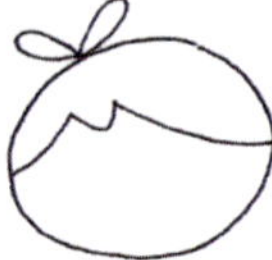

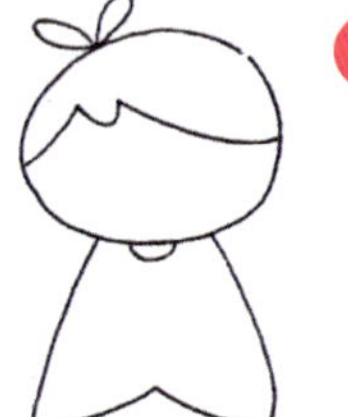

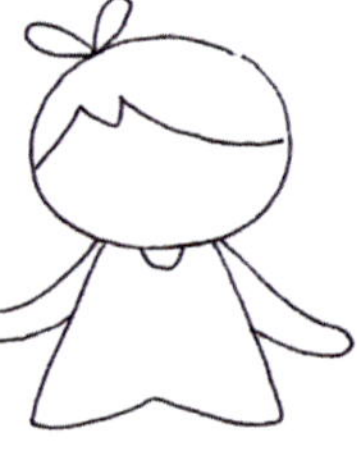

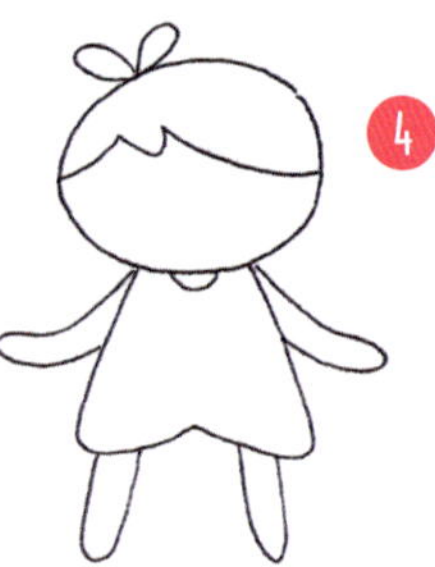

Gib deiner Fee Zauberfähigkeiten durch einen Zauberstab und zeichne Sternchen und Glitzer.

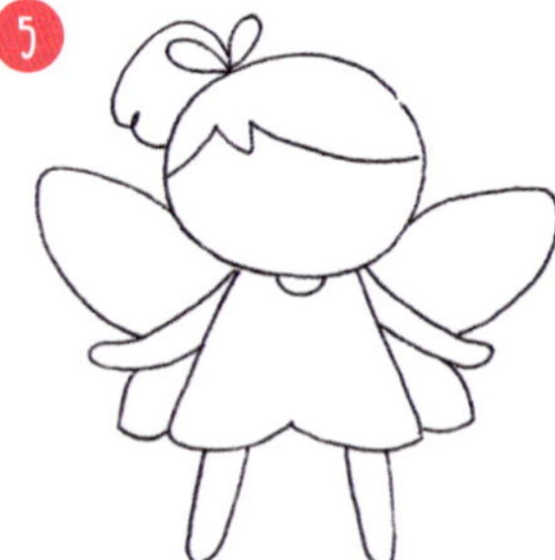

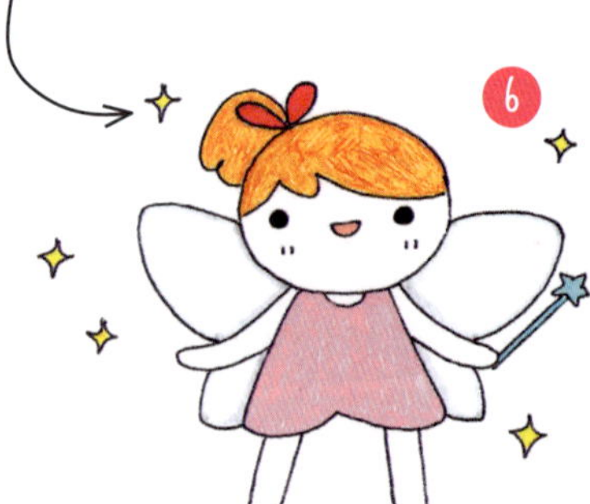

DU BIST DRAN!

EIN BISSCHEN STERNENSTAUB

Deine gute Fee braucht viel magischen Sternenstaub, um all diese Wünsche wahr werden zu lassen. Zeichne ihren Zauberstab, aus dem funkelnde Sternchen kommen. Aschenputtel, du sollst auf den Ball gehen!

DER KLEINE FLASCHENGEIST

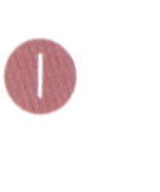

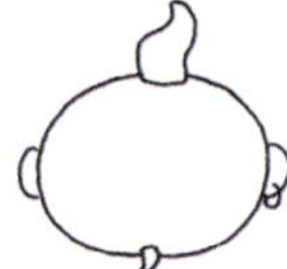

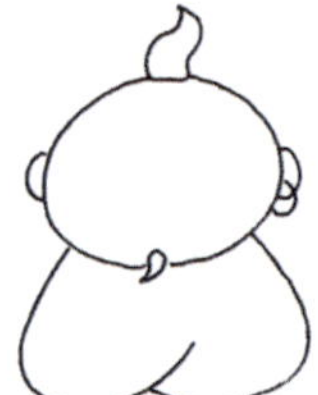

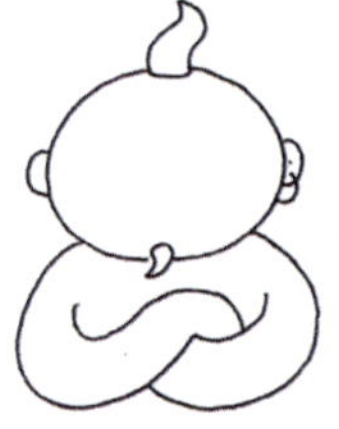

Falte die Arme des Flaschengeistes, um ihm die Autorität, die er braucht, zu geben, um alle Wünsche zu erfüllen.

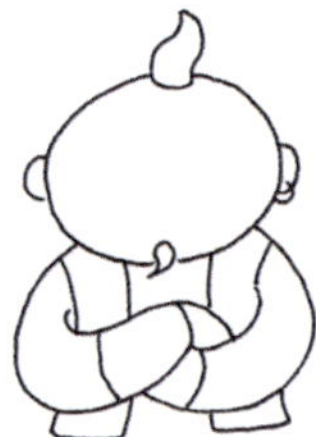

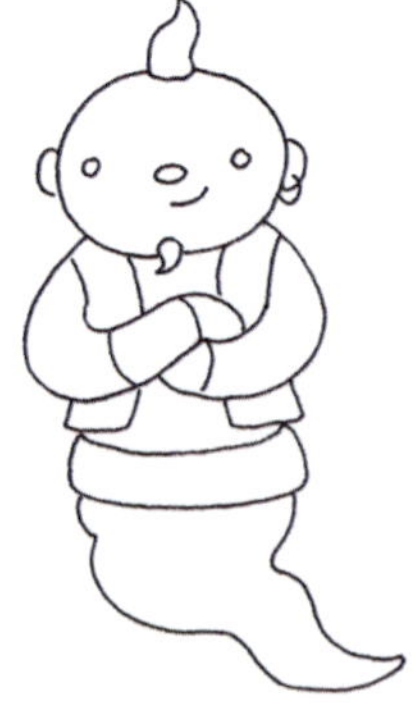

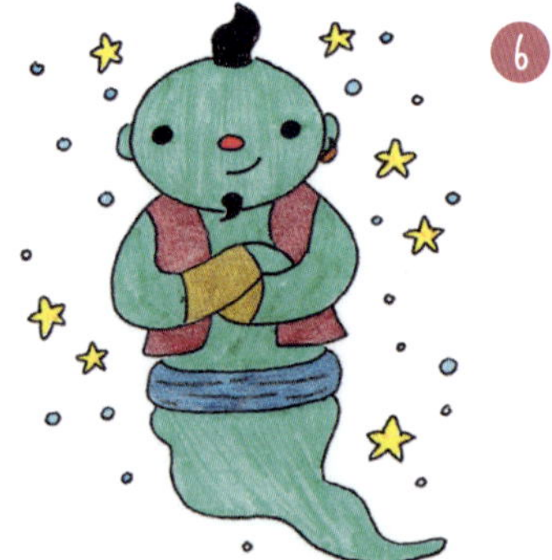

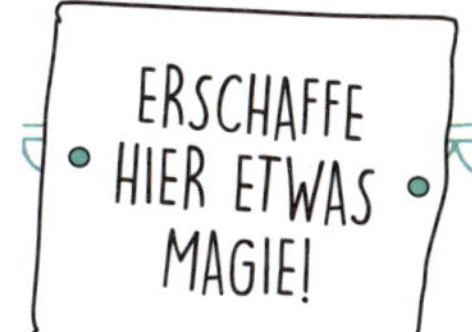

GEDANKENKRAFT

Kombiniere deinen Flaschengeist mit der Wunderlampe auf Seite 122 für eine magische Extravaganz aus *Tausendundeiner Nacht*.

GEISTERPARTY

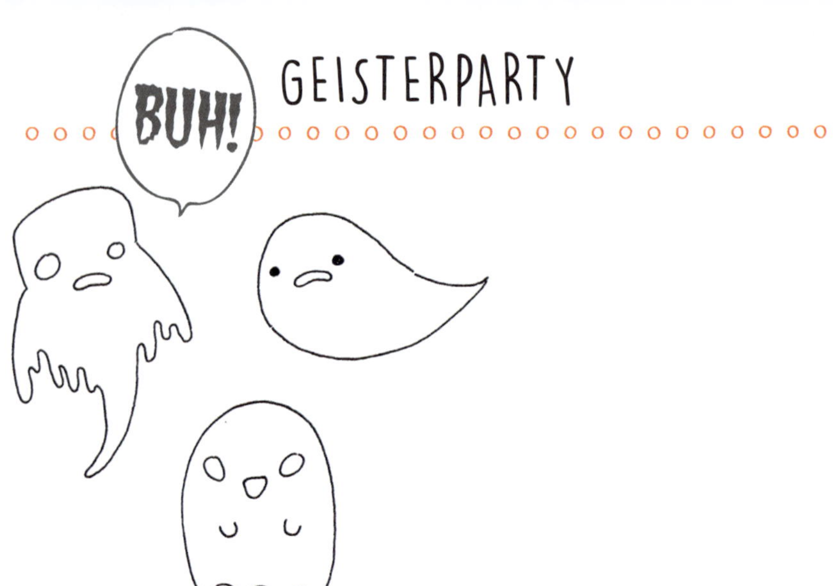

VERSUCHE ES MAL!

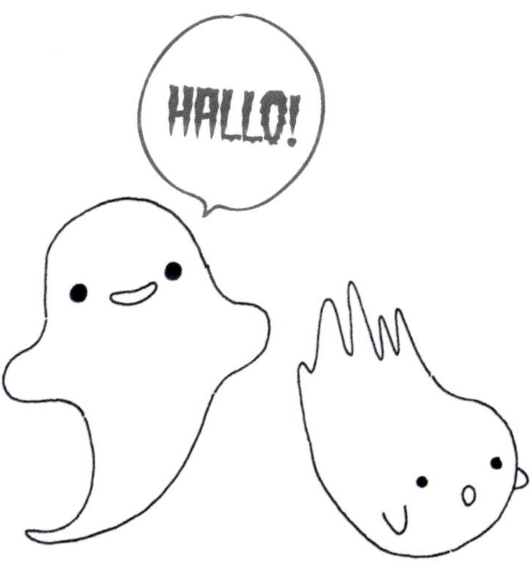

FREUND ODER FEIND?

Spiele mit der Mimik deiner Geister und sieh, wie viele verschiedene Charaktere du erfinden kannst. Zeichnest du deine Geister mit einem süßen Lächeln oder einem grausamen Grinsen?

GEISTERHAUS

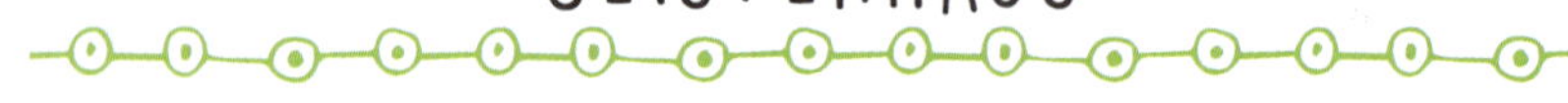

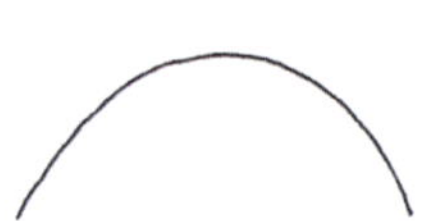

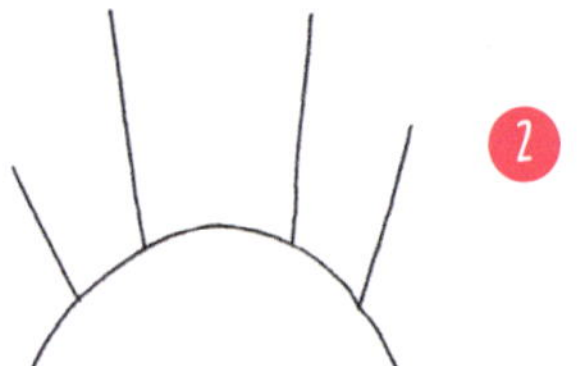

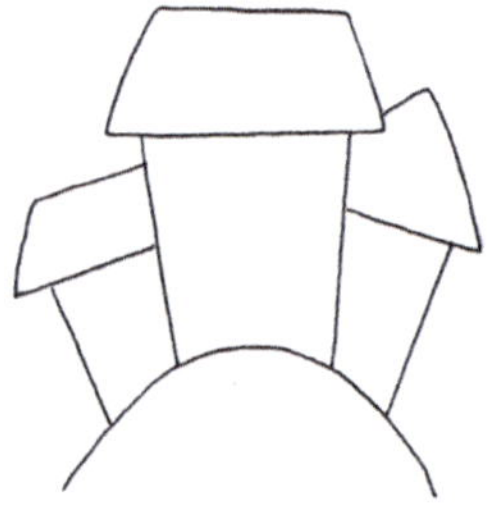

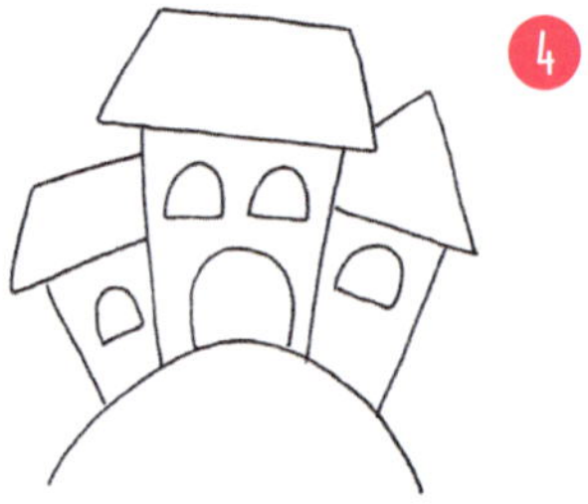

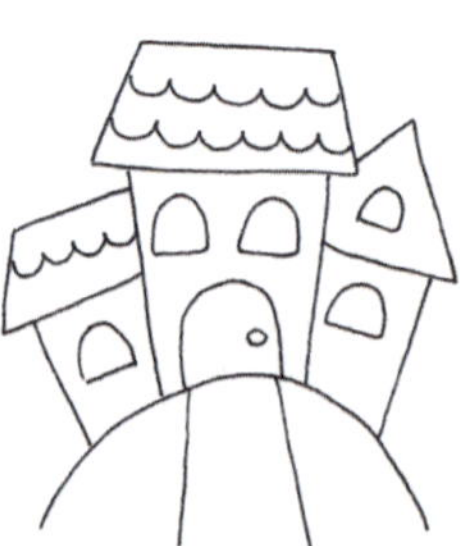

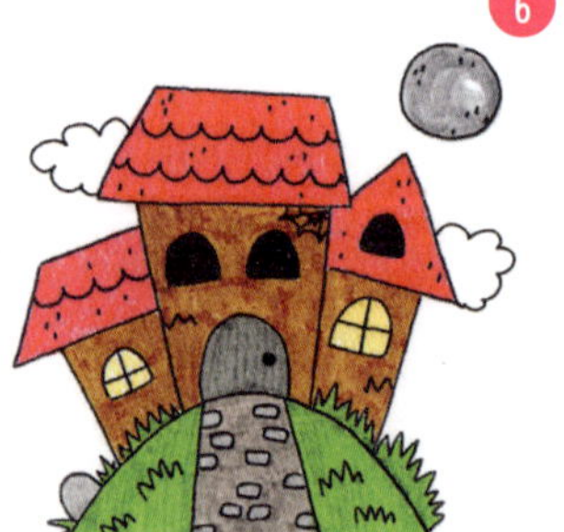

ZEICHNE HIER MEHR HAARSTRÄUBENDE HÄUSER!

HAUS DES SCHRECKENS

Umgestürzte Türmchen, ein oder drei Grabsteine im Garten, Fledermäuse als Silhouetten im Vollmond: Je gruseliger du dein Geisterhaus gestalten kannst, desto besser. Kein Geisterjäger, der etwas auf sich hält, würde sich mit einer hübschen kleinen Doppelhaushälfte zufriedengeben!

ALADINS WUNDERLAMPE

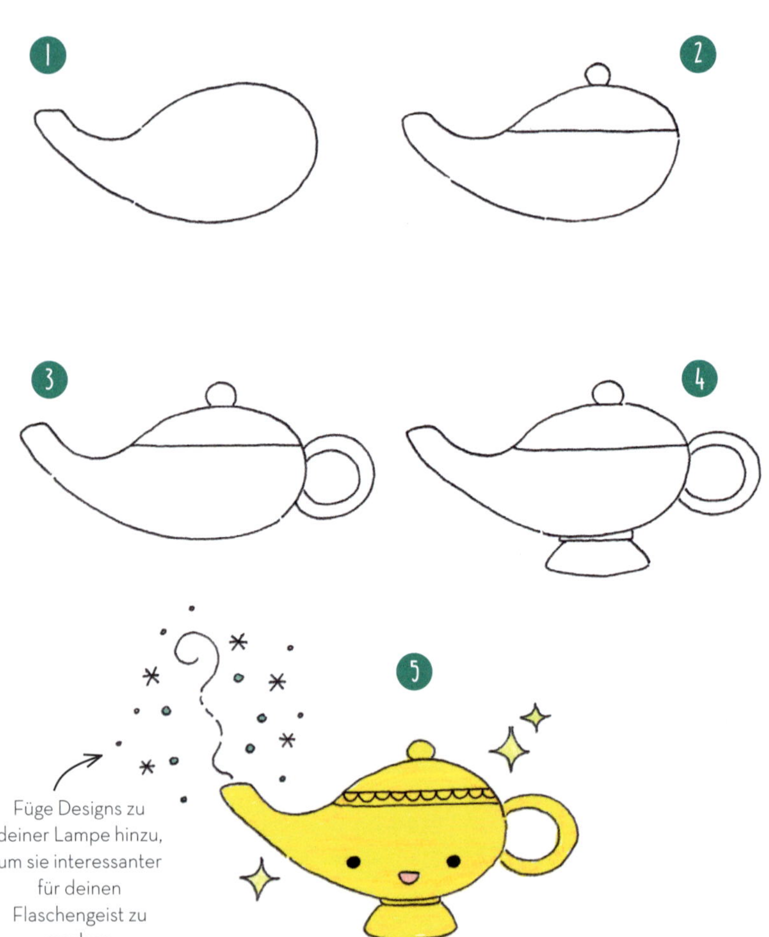

Füge Designs zu deiner Lampe hinzu, um sie interessanter für deinen Flaschengeist zu machen.

JETZT ZEICHNE ES!

ABRAKADABRA!

Füge viele Funken und Sterne hinzu, die aus der Tülle deiner Lampe kommen, um ihr die nötige magische Note zu verleihen.

DIE KLEINE MEERJUNGFRAU

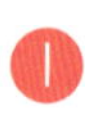

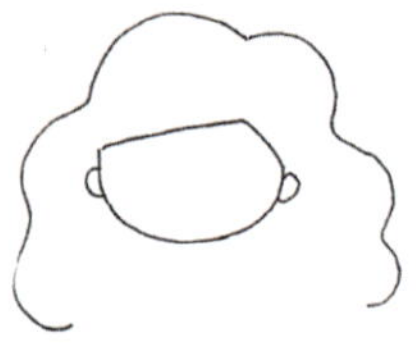

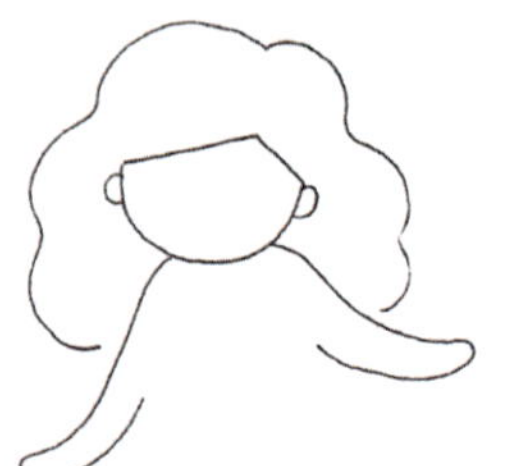

2

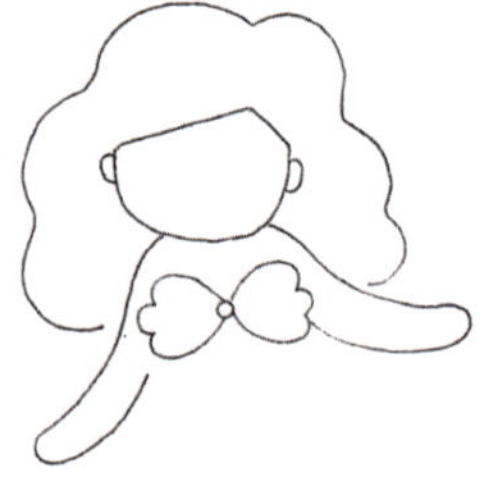

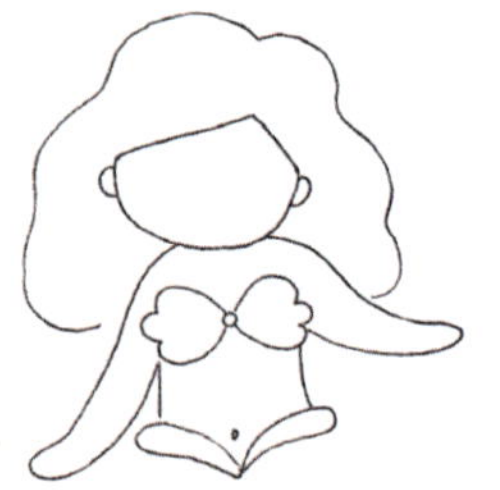

4

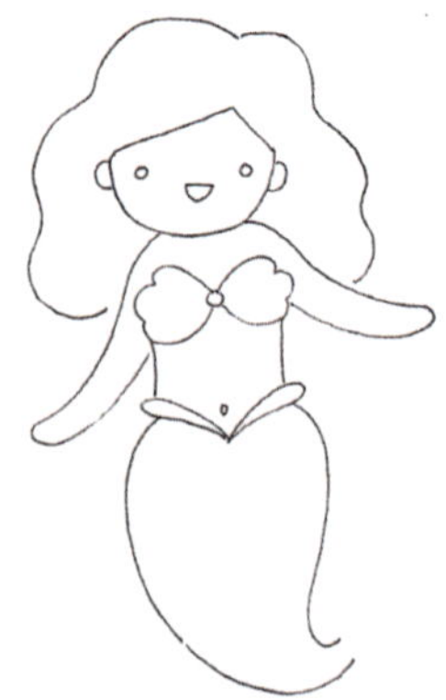

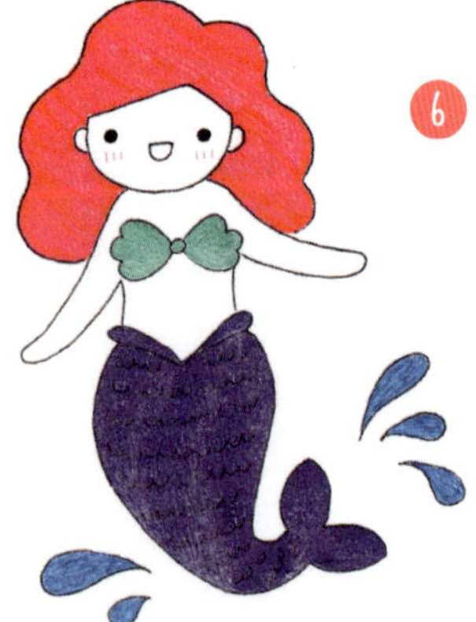

6

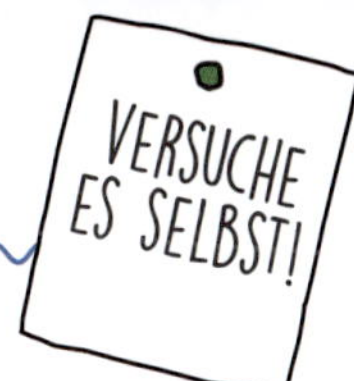

AUFFALLENDE MEERJUNGFRAUEN

Gib deiner Meerjungfrau ein paar Freunde zum Spielen, indem du die Frisuren und Schwanzfarben änderst.

MONSTER-MIX

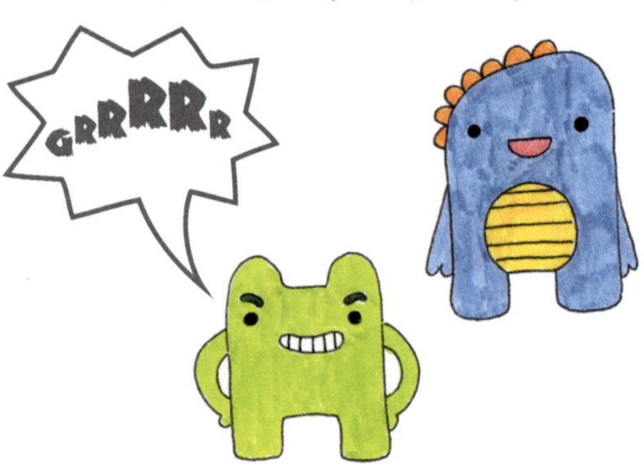

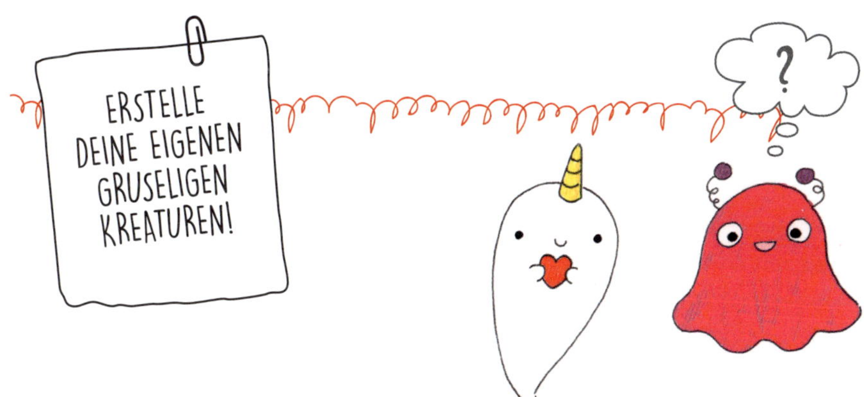

KLEINES UNGEHEUER

Wie viele verschiedene Merkmale kannst du für dein Monster kombinieren? Wenn du zum Beispiel die zottelige Mähne der einen Kreatur mit den Stoßzähnen einer anderen und den großen Kulleraugen einer dritten zeichnest, kommt etwas ganz Ungeheuerliches dabei heraus!

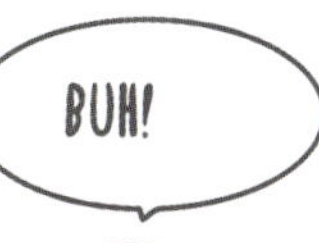

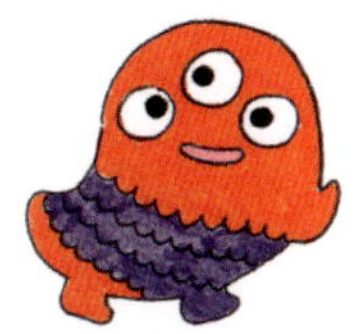

AHOI PIRATEN

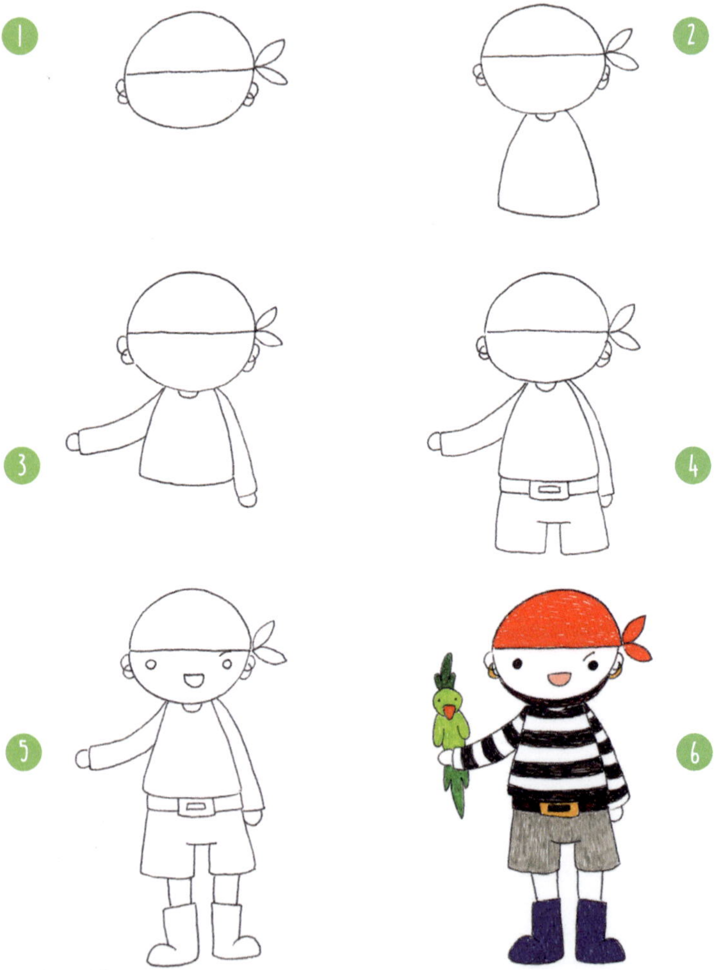

1

2

3

4

5

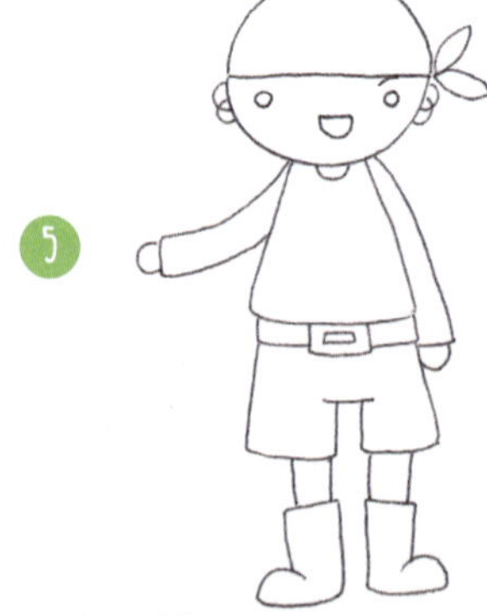

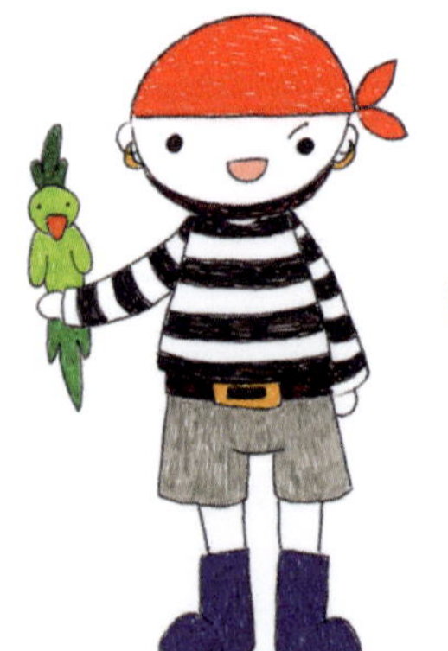

6

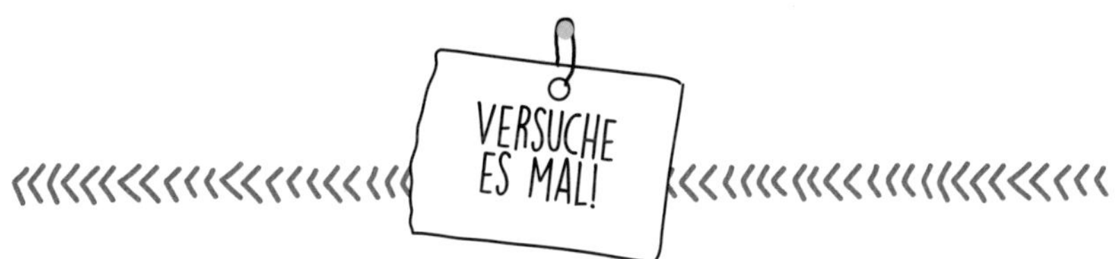

AHOI, MEINE LIEBEN!

Wenn du deinen Piraten gezeichnet hast, gib ihm ein paar Accessoires – vielleicht eine Augenklappe, ein Holzbein oder einen Säbel, mit dem er seine Feinde angreifen kann. Und vergiss nicht seine Schatztruhe, die mit goldenen Schmuckstücken und Achterstücken gefüllt ist!

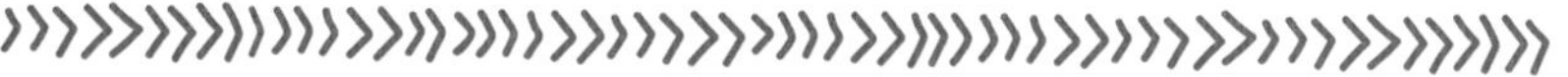

ABFLUG

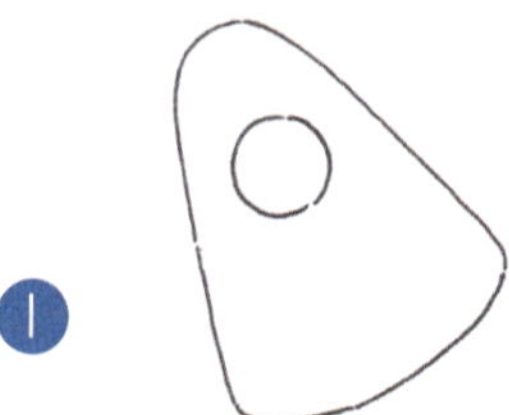

1

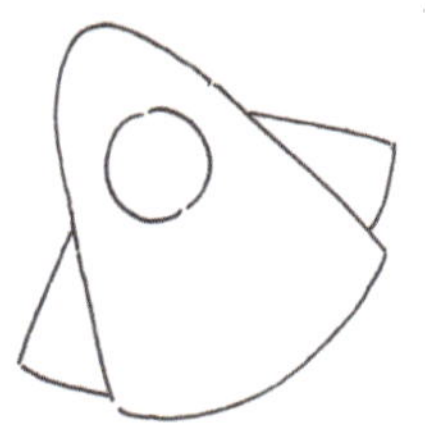

2

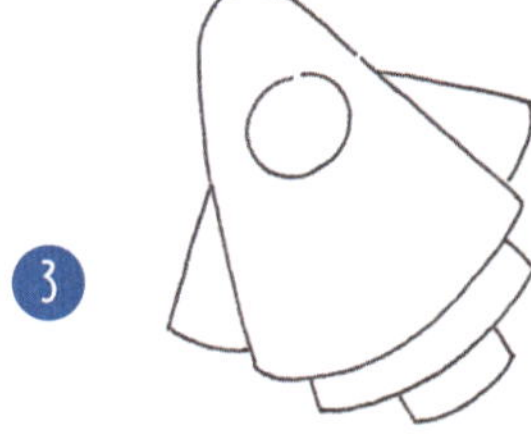

3

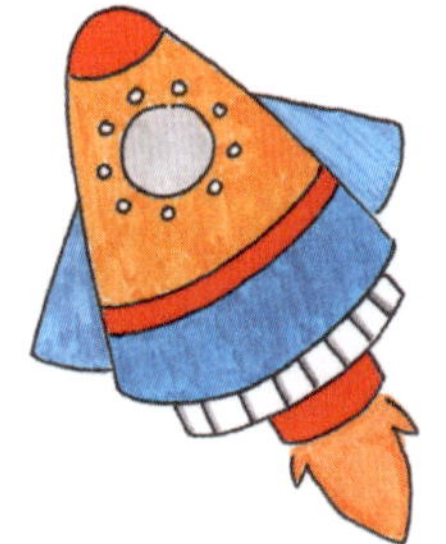

4

RAUMFAHRT

Rauchwolken zeigen, dass dieses Raketentriebwerk auf vollen Touren läuft.

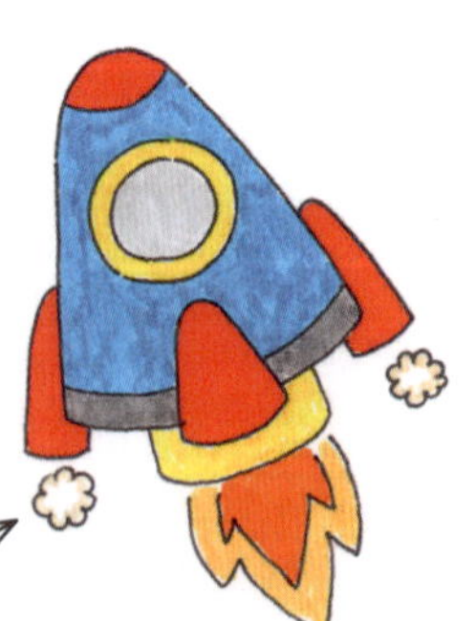

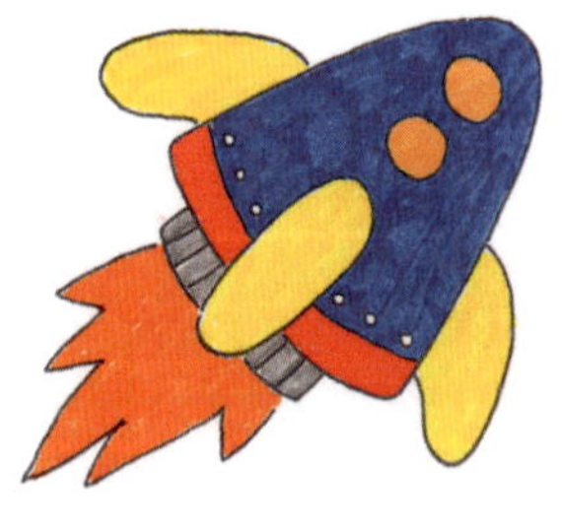

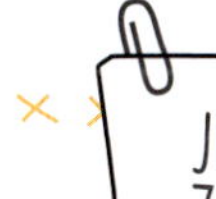

WELTRAUMREISENDE

Zeichne einen Astronauten, der deine Rakete steuert. Vielleicht macht er oder sie einen Weltraumspaziergang oder schaut auf die Erde hinunter, während Kometen und Asteroiden vorbeirasen.

NICHT VON DIESER WELT

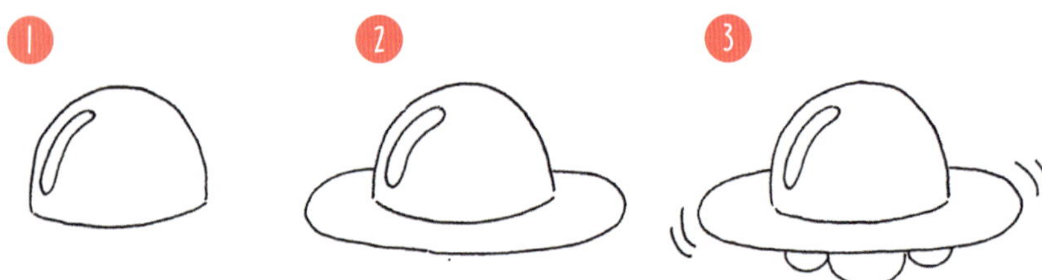

FLIEGENDE UNTERTASSEN

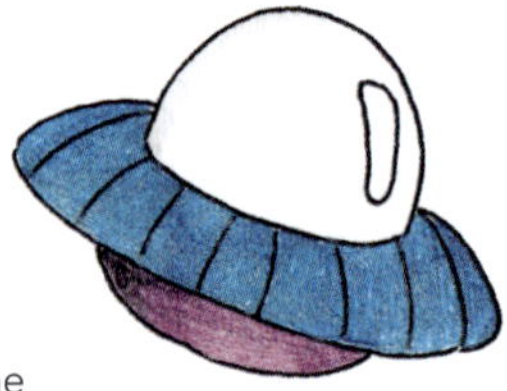

Unterschiedliche Formen kreieren verschiedene Körper deiner Ufos.

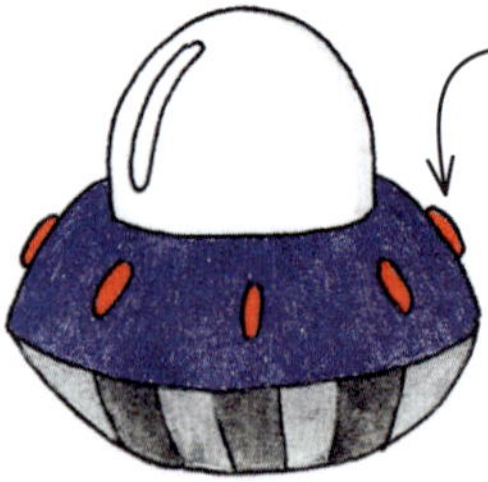

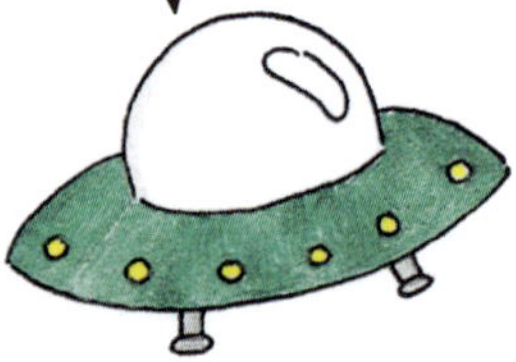

JETZT ZEICHNE ES!

KURIOSITÄTEN IM WELTRAUM

Außerirdische Raumschiffe gibt es in vielen Formen – fliegende Untertassen, Schiffe, die wie riesige Zigarren aussehen, und sogar schwarze Dreiecke. Welche Art von Raumschiff könnten die gruseligen Kreaturen, die du auf Seite 126 erschaffen hast, für sich selbst erfinden?

MAGISCHES EINHORN

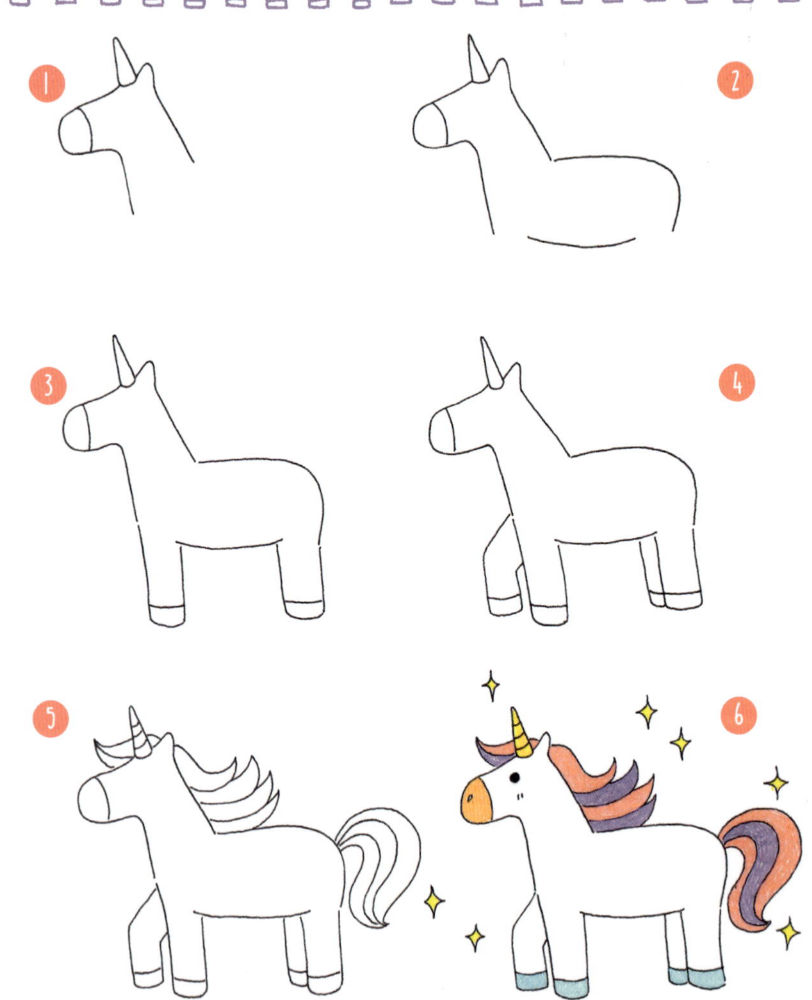

PERSONALISIERE DEIN EINHORN, INDEM DU ES MIT VERSCHIEDENEN HAARFARBEN ZEICHNEST.

MACHE DEIN EINHORN EINZIGARTIG!

Der Legende nach sind Einhörner oft reinweiß, aber da nur wenige Menschen, wenn überhaupt, ein Einhorn gesehen haben, kannst du dein Einhorn in allen Farben der Welt oder sogar in Regenbogenfarben gestalten.

DER KLEINE VAMPIR

1

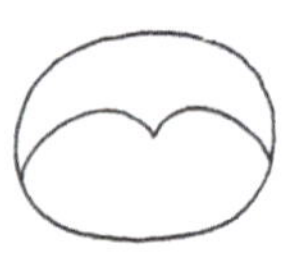

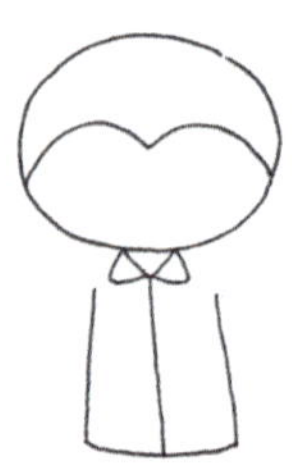

3

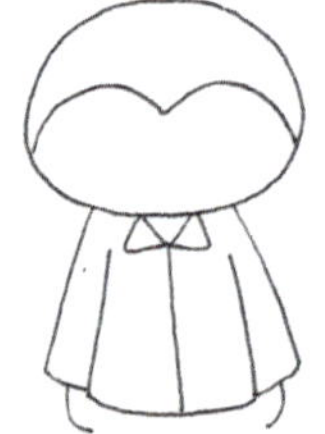

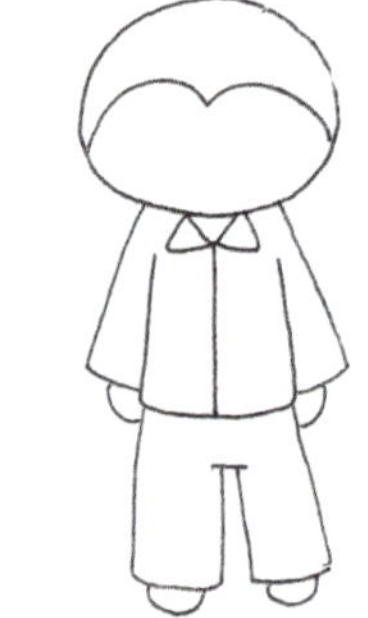

5

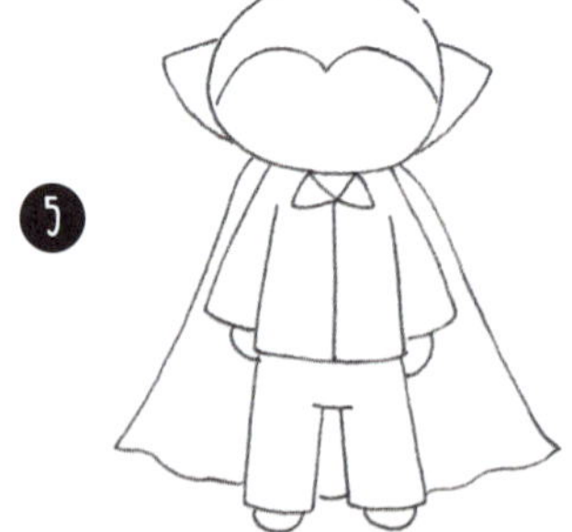

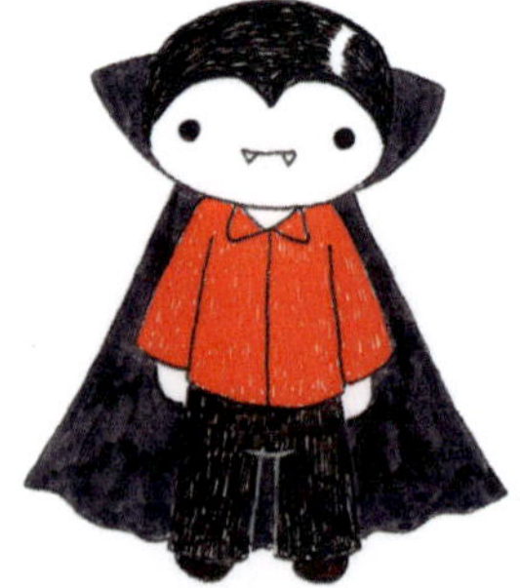

6

DU BIST DRAN!

STILVOLL ODER UNHEIMLICH?

Mein Dracula ist supercool, mit einer hochgesteckten Frisur und einem schwarzen Umhang. Vielleicht könnte deiner ein bisschen wilder und verruchter aussehen? Ein paar Tropfen Blut, das aus den bösartigen Reißzähnen tropft, sollten genügen ...

DIE BÖSE HEXE

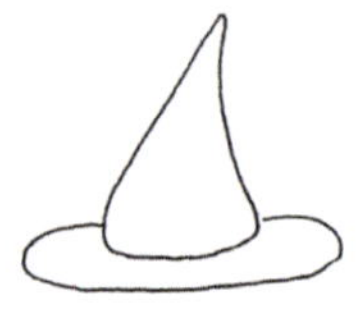

1

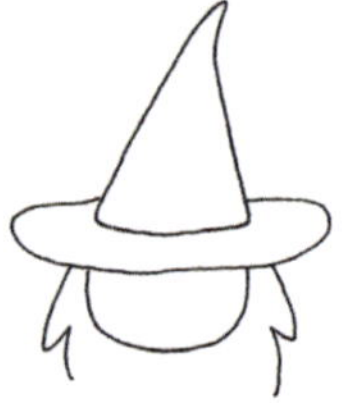

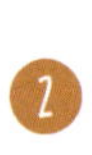

3

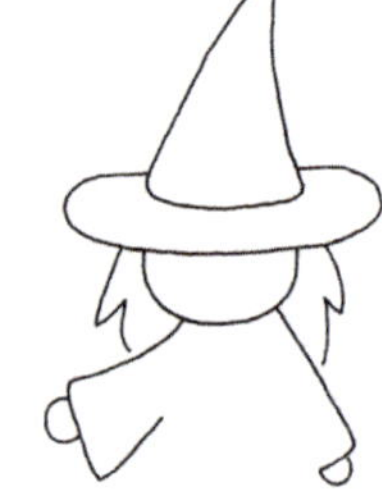

4

5

6

HANDWERKSZEUG

Was braucht deine Hexe noch? Neben einem Besenstiel sollte jede böse Hexe einen Kessel haben, um ihre bösen Zaubertränke zu brauen, eine Kristallkugel, um in die Zukunft zu sehen, und nicht zu vergessen eine schwarze Katze, die ihr zur Hand geht.

DER WEISE ZAUBERER

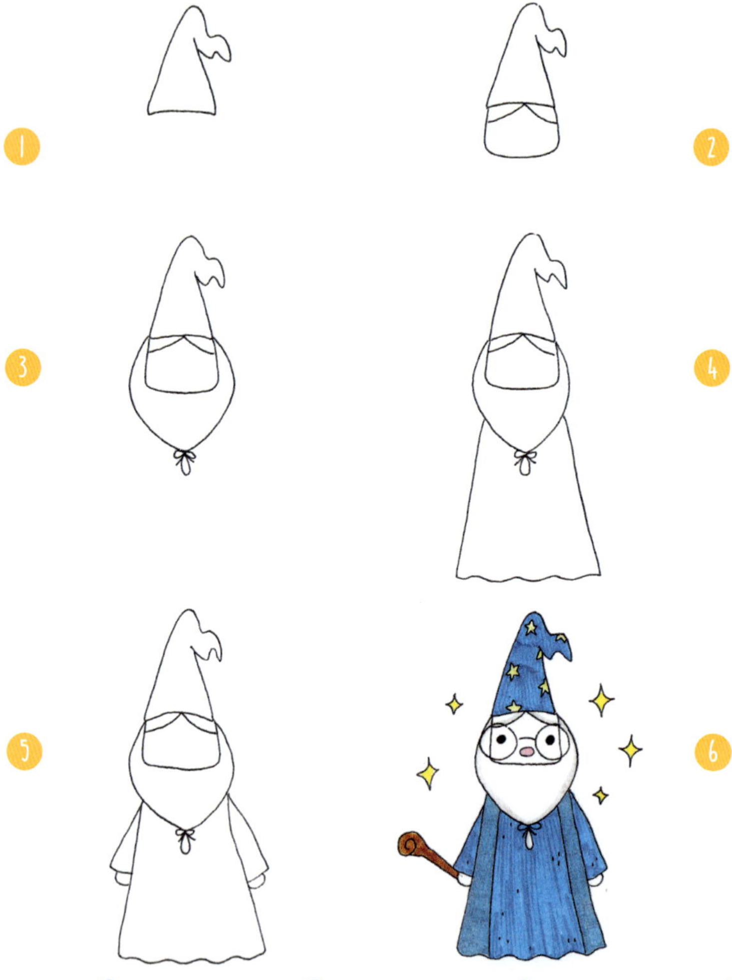

1

2

3

4

5

6

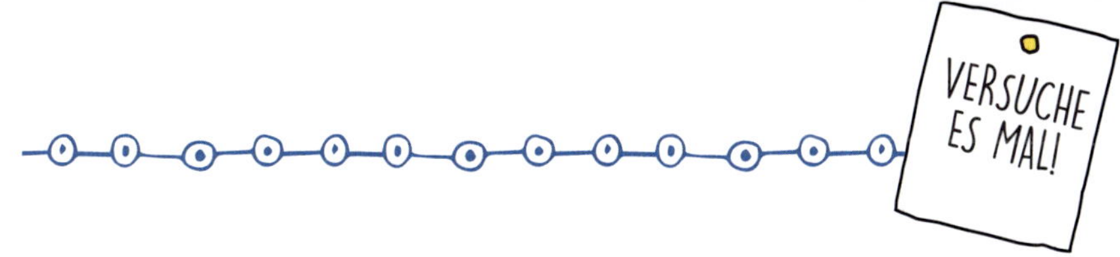

STILBERATUNG FÜR ZAUBERER

Wähle kräftige Farben für deine Roben und den spitzen Hut (Violett, Königsblau, Rot, Gold und Silber sind in der Welt der Zauberer beliebt) und verziere sie mit Monden und Sternen.

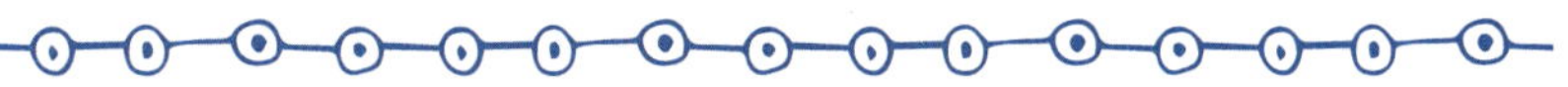

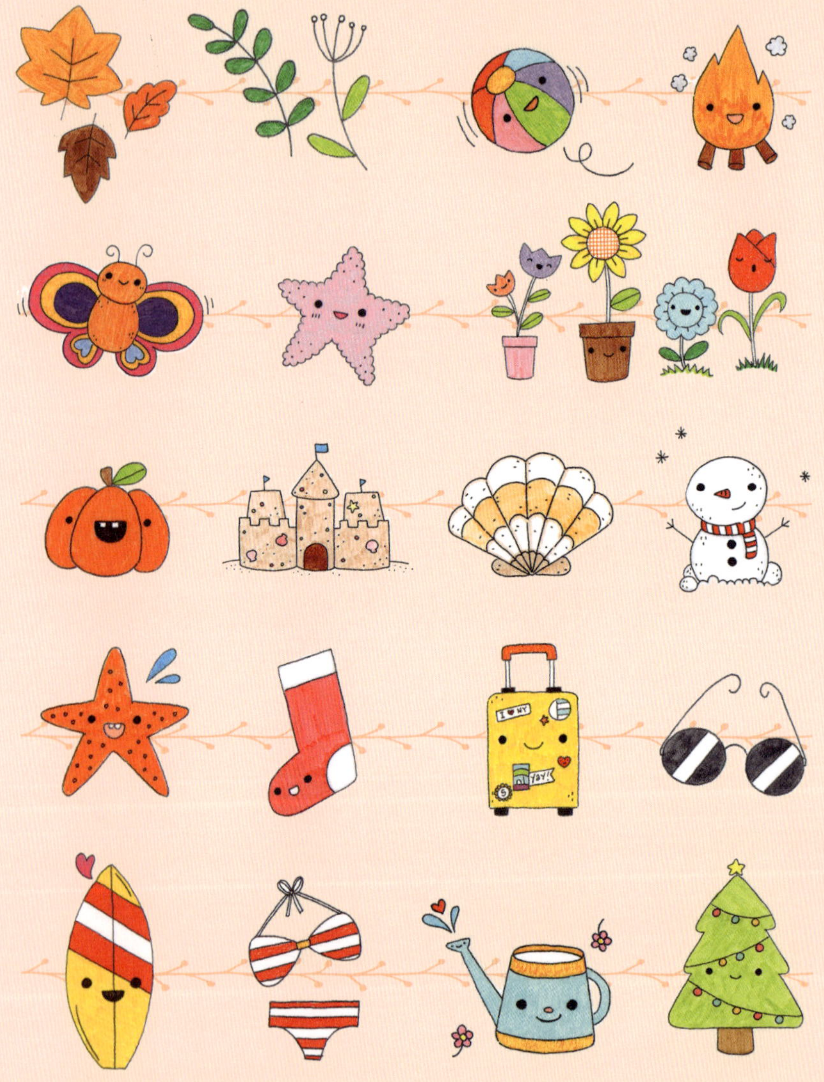
I ♥ NY
YAY!
S

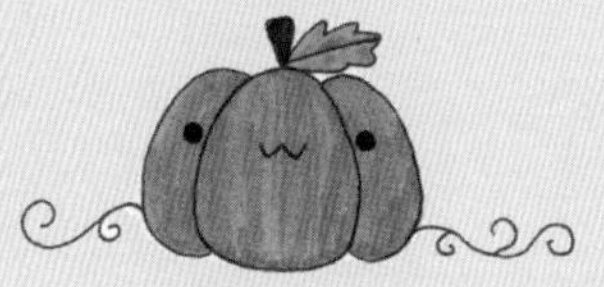

JAHRESZEITEN UND FEIERTAGE

Winter, Frühling, Sommer und Herbst. Mit den Jahreszeiten kommen auch verschiedene Feiertage. In diesem Kapitel zeige ich dir, wie du einfache Gegenstände zeichnen kannst, die mit den Jahreszeiten und Traditionen einhergehen.

HERBSTLAUB

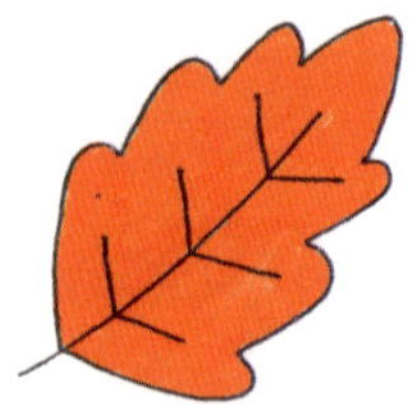

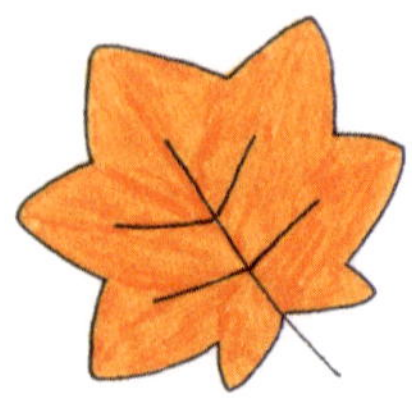

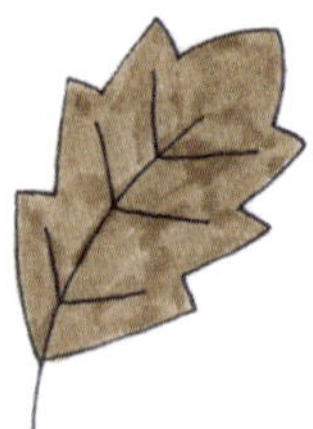

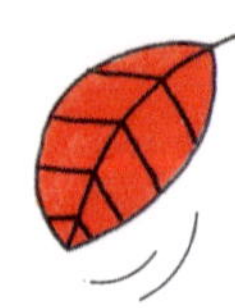

SKIZZIERE DIE BLÄTTER, DIE DU VON DEN BÄUMEN FALLEN SIEHST!

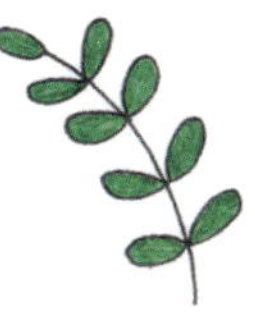

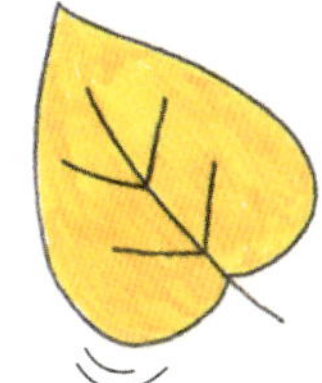

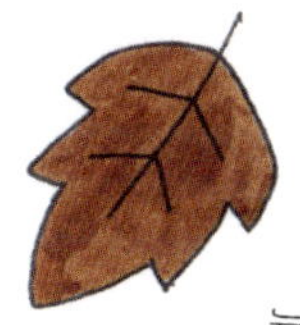

MÄRCHENHAFTES LAUB

Was bringt das Gefühl des Herbstes besser zum Ausdruck als eine Reihe fallender Blätter? Verwende satte, warme Farben in allen erdenklichen Schattierungen, von Sonnengelb und Gold bis hin zu satten Rot- und Rotbrauntönen.

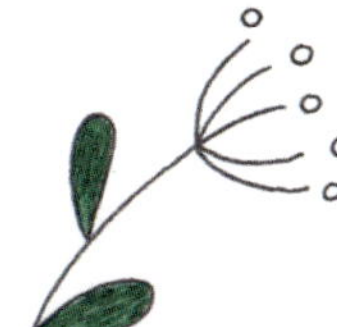

STRANDBALL

1

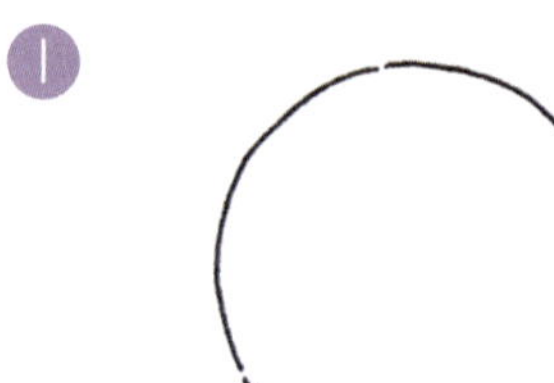

2

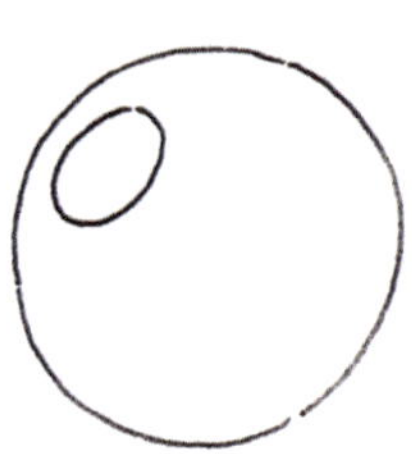

3

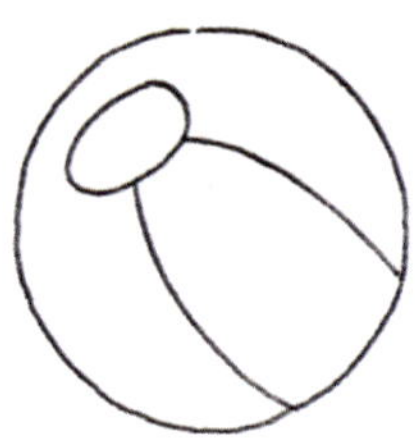

4

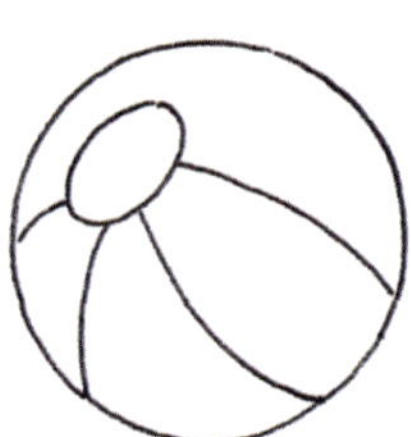

5

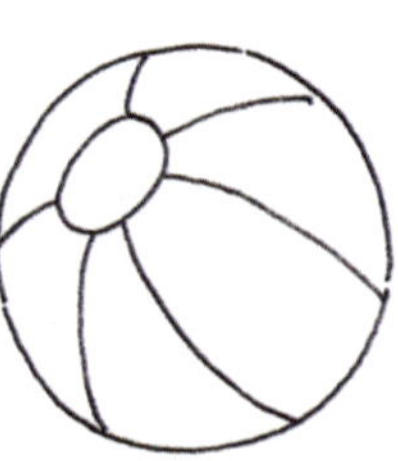

6

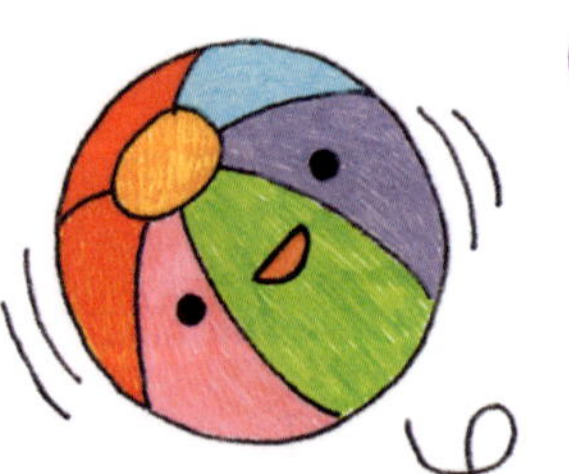

HÜPFBALL

Ein Strandball ist ein Muss für einen Sommerurlaub am Strand. Neige den Ball leicht zur Seite und füge ein paar geschwungene Linien auf beiden Seiten hinzu, damit es aussieht, als würde er hüpfen. Siehst du, dass die Segmente auf der Rückseite breiter sind als auf der Vorderseite? Wenn du sie alle in der gleichen Größe zeichnen würdest, sähe es wie ein flacher Kreis und nicht wie ein runder Ball aus.

LAGERFEUER

1
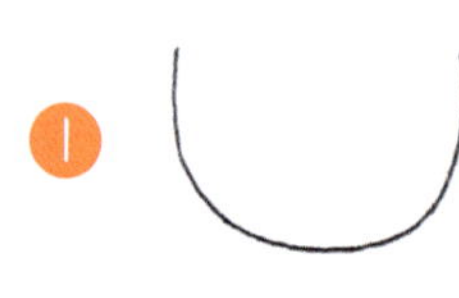

2
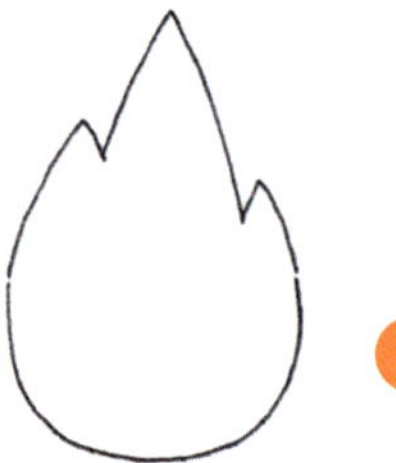

3
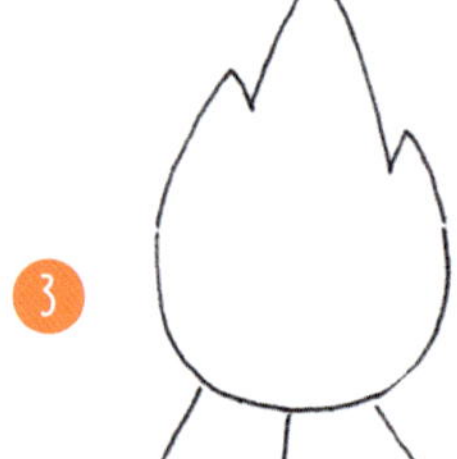

4
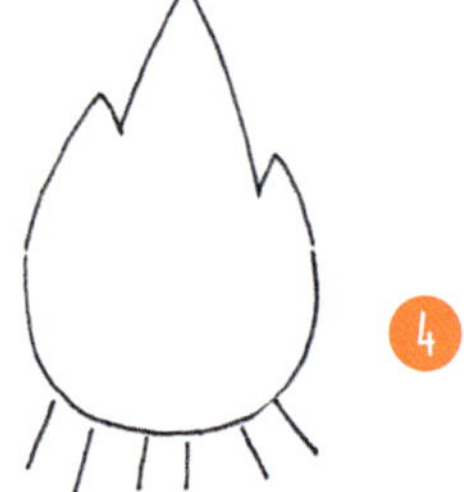

5
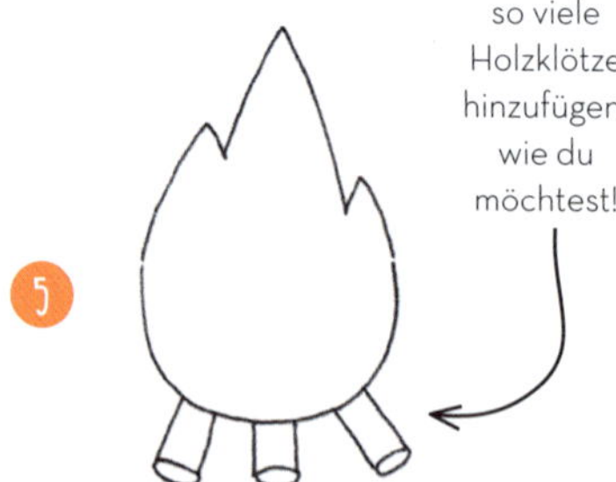

Du kannst so viele Holzklötze hinzufügen, wie du möchtest!

6
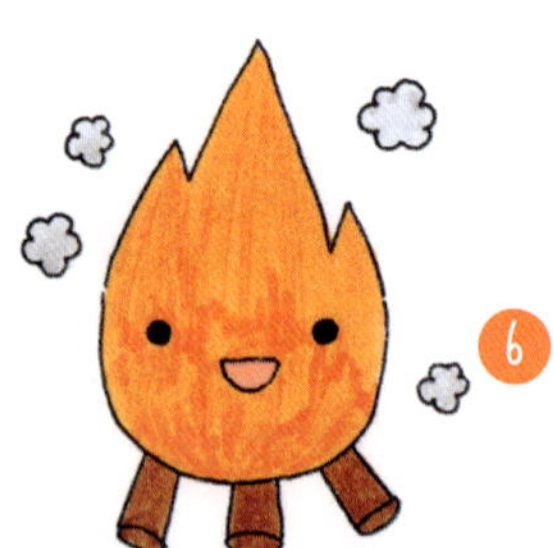

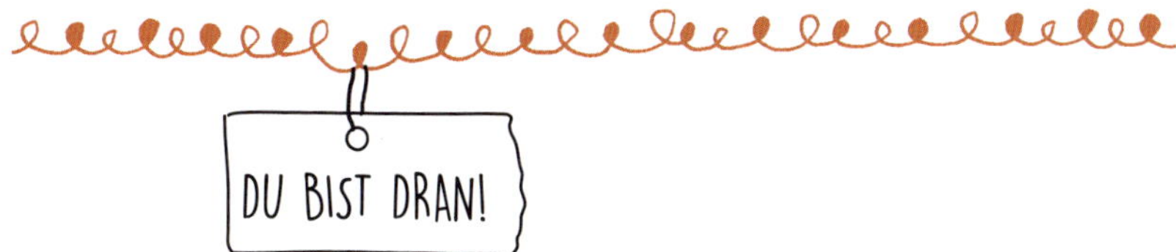

BONFIRE NIGHT!

Was wäre der 5. November ohne Lagerfeuer? Ergänze ein paar Raketen und andere Feuerwerkskörper, um das Fest mit einem Knall zu beenden.

SCHMETTERLINGE (UND BIENCHEN) IM BAUCH

1

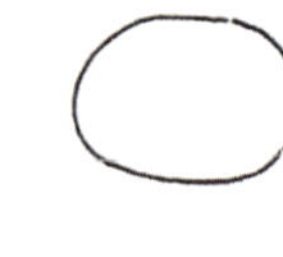

2

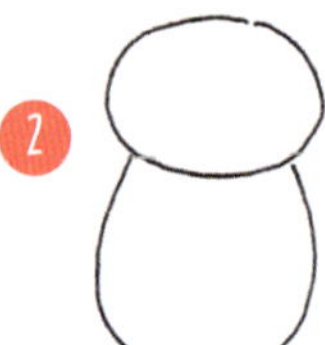

3

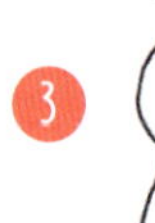

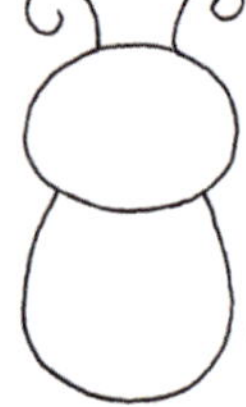

4

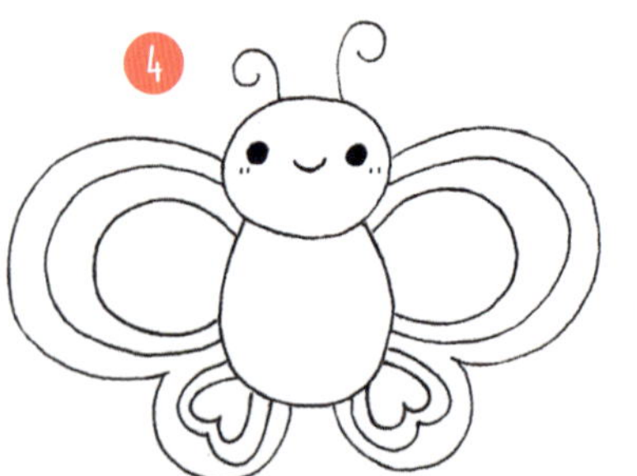

5

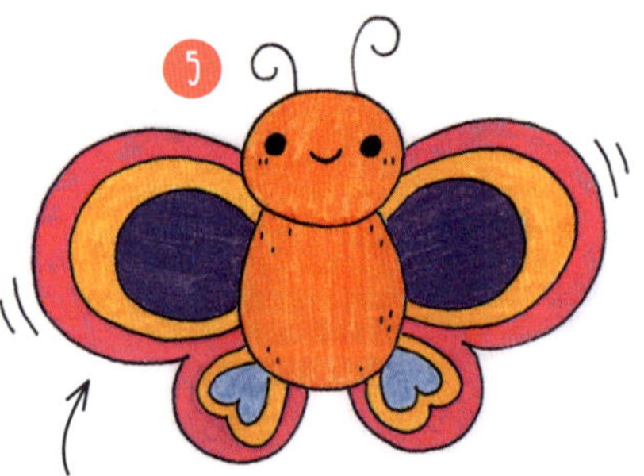

Dekoriere die Flügel deines Schmetterlings mit einem beliebigen Muster.

BENUTZE DEN SCHMETTERLINGS-KÖRPER FÜR EINE SUMMENDE BIENE!

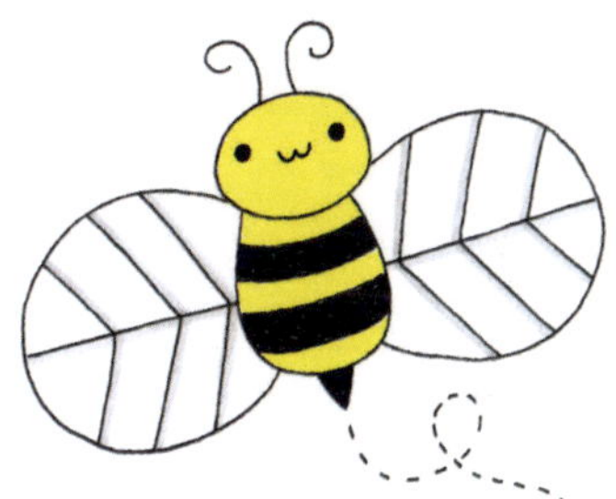

FLUG DER HUMMEL

Damit es so aussieht, als ob deine Hummel im Flug wäre, füge eine gestrichelte Linie ein, die zeigt, wo die Hummel gerade gewesen ist.

IN VOLLER BLÜTE

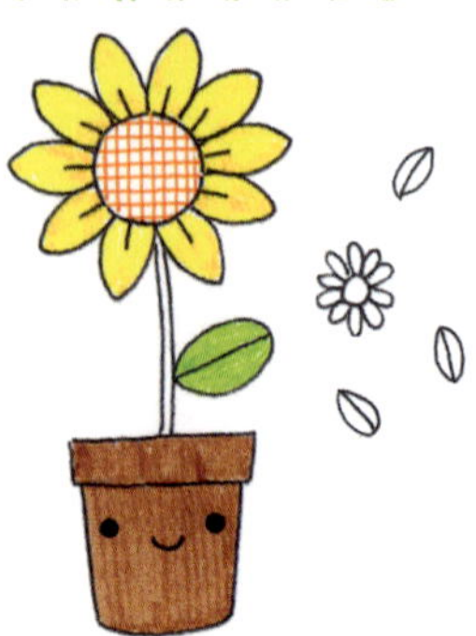

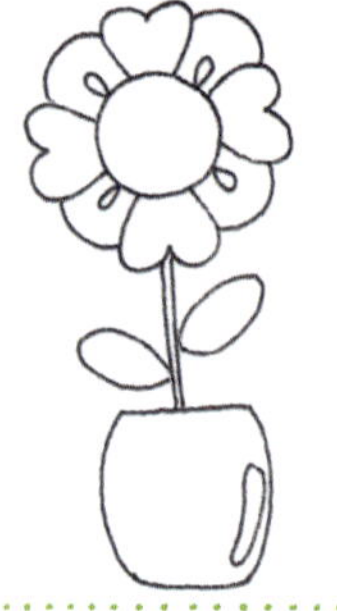

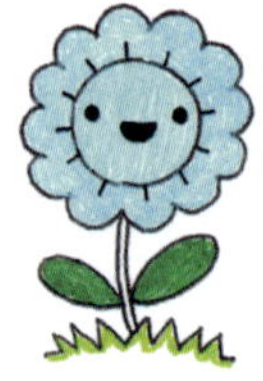

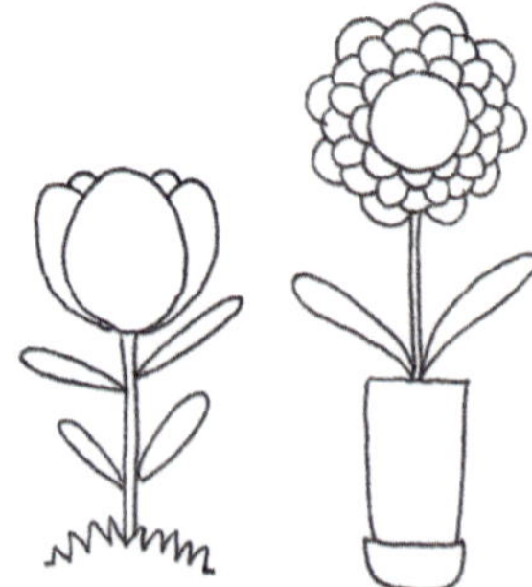

FRÜHLING LIEGT IN DER LUFT!

Die ersten Blumen im Garten sind ein sicheres Zeichen dafür, dass der Frühling ausgebrochen ist! Um das zu feiern, kannst du eine ganze Reihe von Blüten zeichnen, Töpfe mit Gänseblümchen und Margeriten bis hin zu schwimmenden Seerosen – oder erfinde deine ganz eigenen Blumenfantasien.

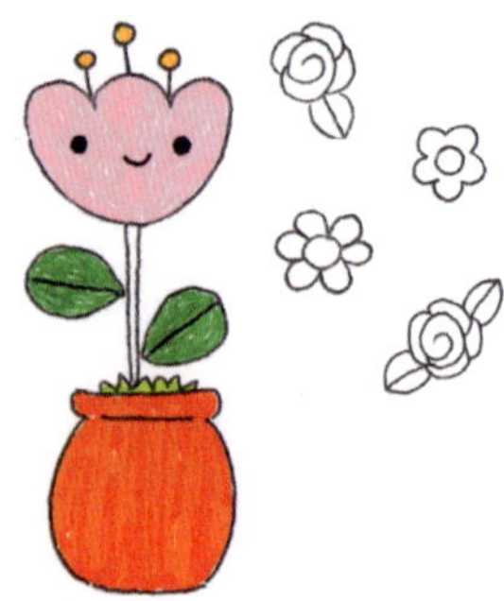

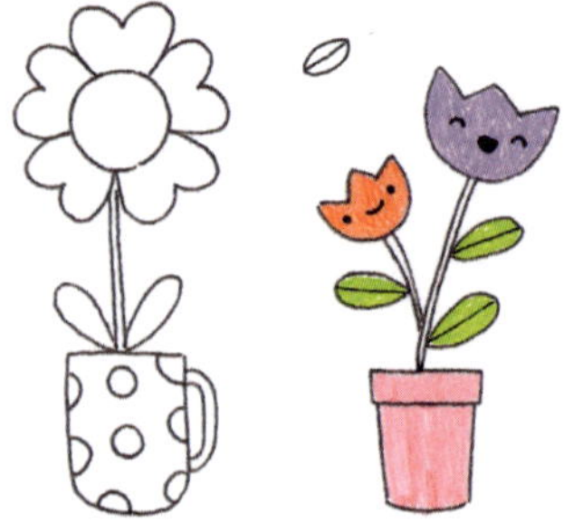

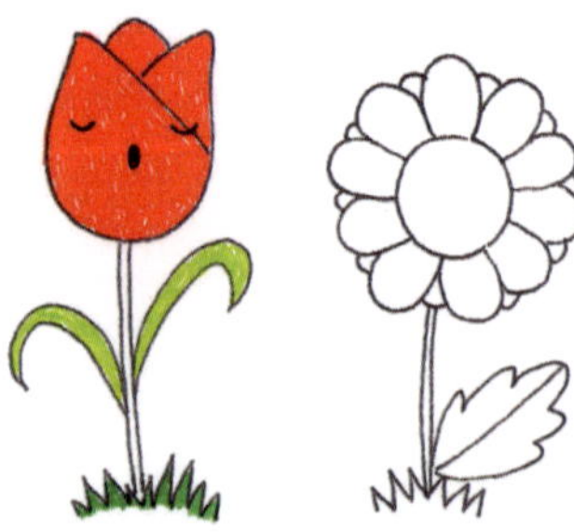

EIN BLUMENSTRAUß FÜR DEINE BESTE FREUNDIN!

BLÜHEND SCHÖN!

Ich habe dir viele Ideen für verschieden geformte Blütenköpfe und Blütenblätter gegeben, aber versuche doch mal, dir ein paar eigene auszudenken. Wie wäre es mit Trompetenformen für Lilien und Narzissen oder überlappenden herzförmigen Blütenblättern für eine schöne Rosenknospe?

HALLOWEEN

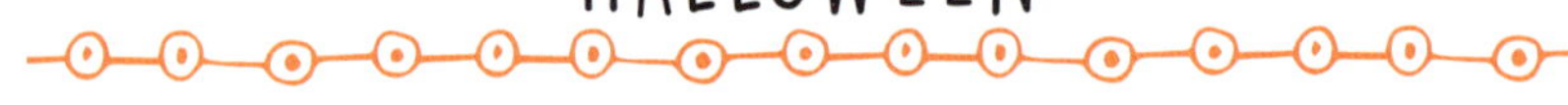

1

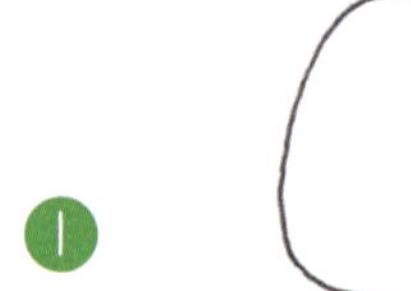

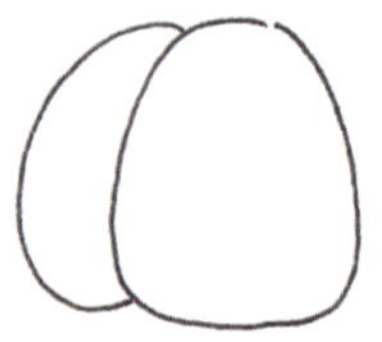

2

3

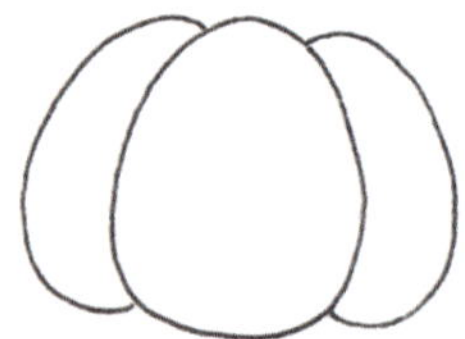

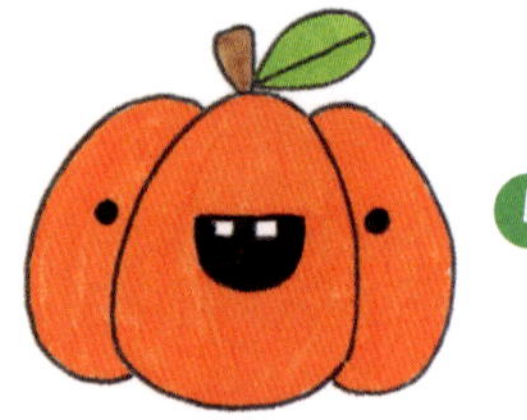

4

KÜRBISKÖPFE

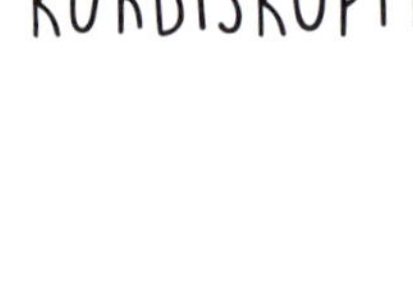

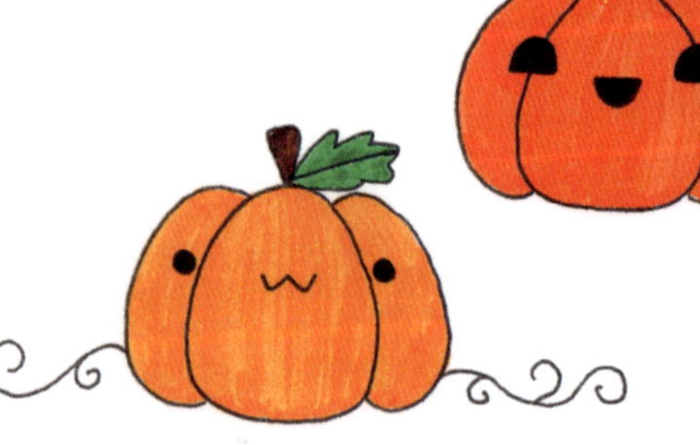

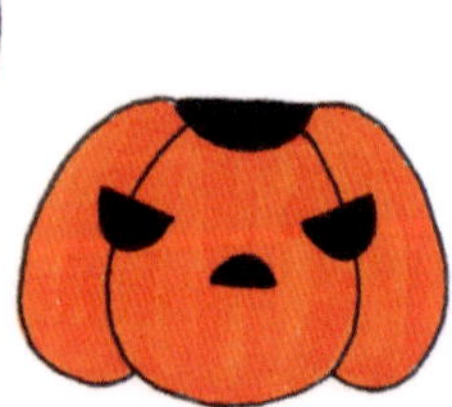

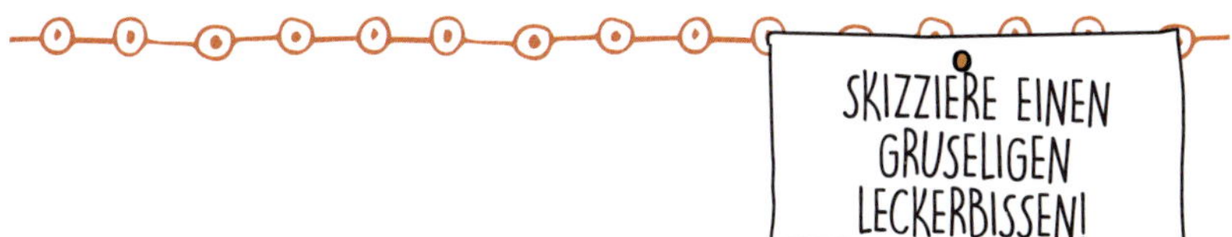

HALLOWEEN-LATERNEN

Zeichne gruselige Kürbislaternen in verschiedenen Größen und Farben, alle in einer Reihe, um eine Einladung zu einer Halloween-Party zu dekorieren.

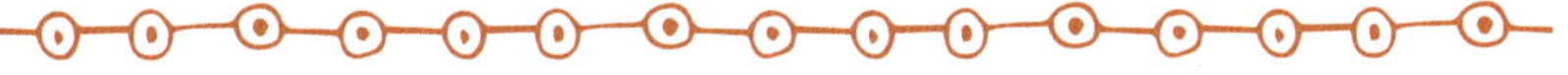

EINE KÖNIGLICHE SANDBURG

1

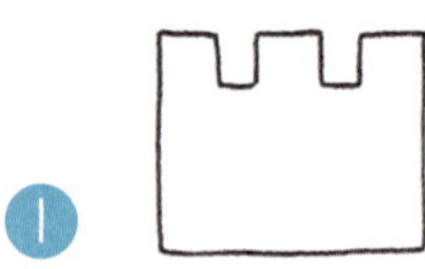

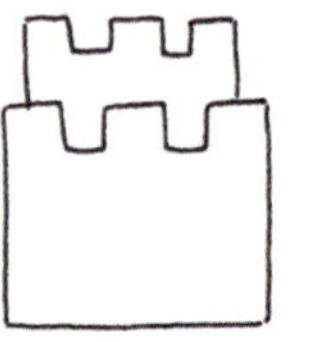

3

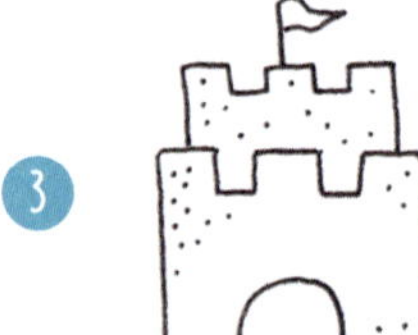

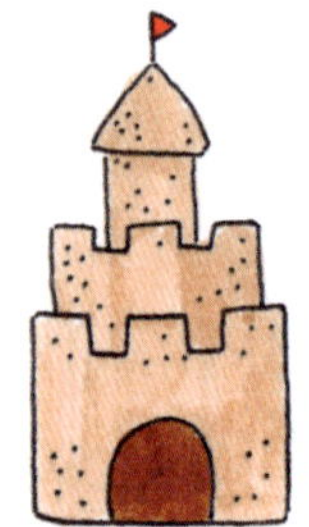

TOLLE SANDBURGEN

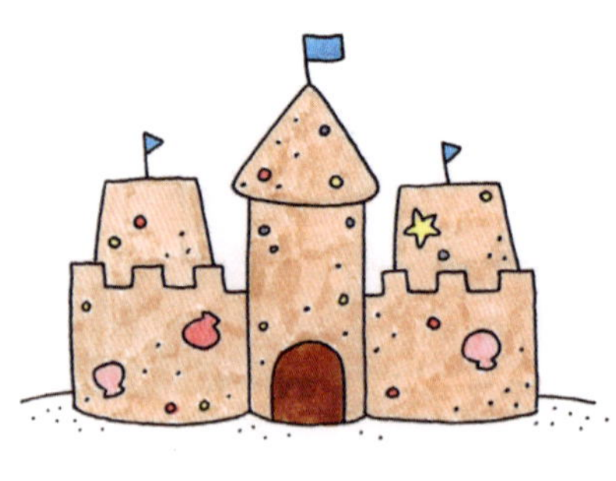

Das Hinzufügen einiger Punkte gibt dem Sand eine Textur.

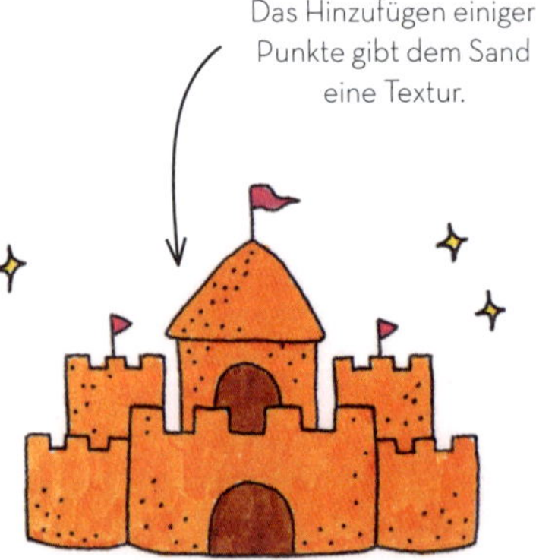

MÄRCHENHAFTE BURG

Gib deiner Sandburg Fenster und Türen aus Muscheln, bestücke die Türme mit Fahnen und füge einen Graben hinzu, um Eindringlinge fernzuhalten!

MUSCHELN

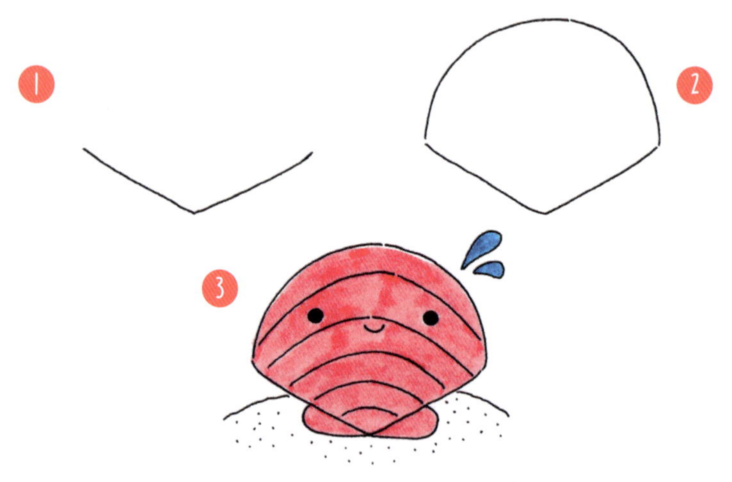

EIN MUSCHEL-TRIO

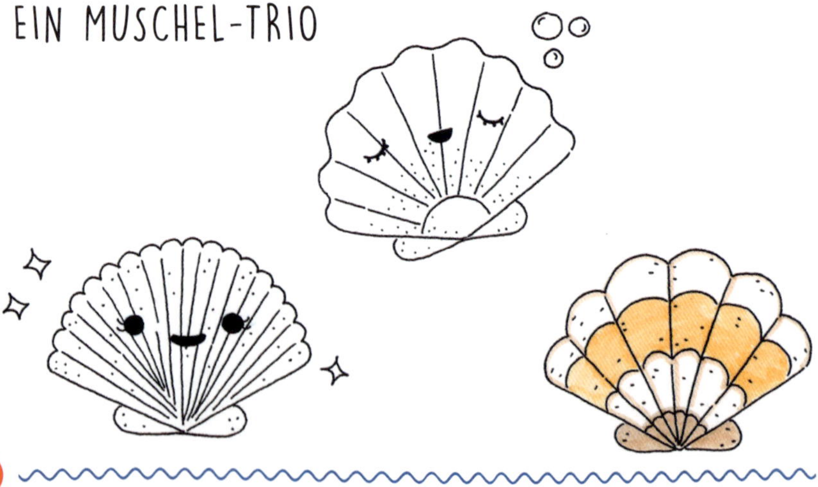

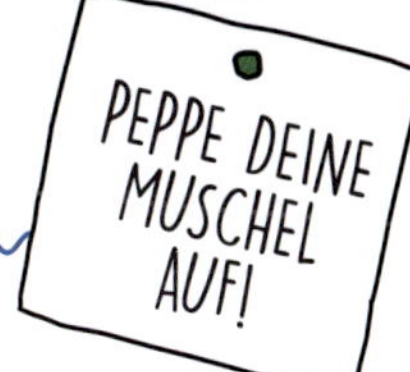

MUSCHELFORMEN

Die von mir gezeichneten Muschel- und Jakobsmuschelformen sind nur zwei mögliche Formen von vielen. Warum versuchst du nicht, eine Nautilusmuschel zu zeichnen, eine violett-blaue Miesmuschel oder eine kegelförmige Napfschnecke?

FRÖHLICHER SCHNEEMANN

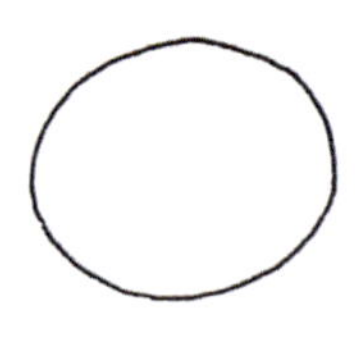

1

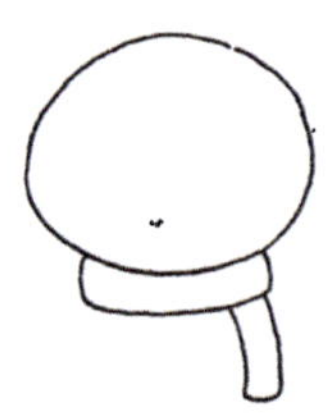

2

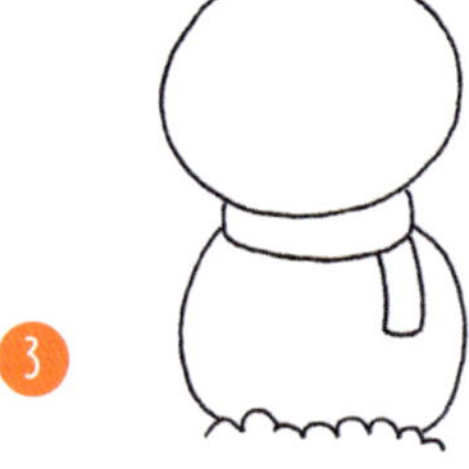

3

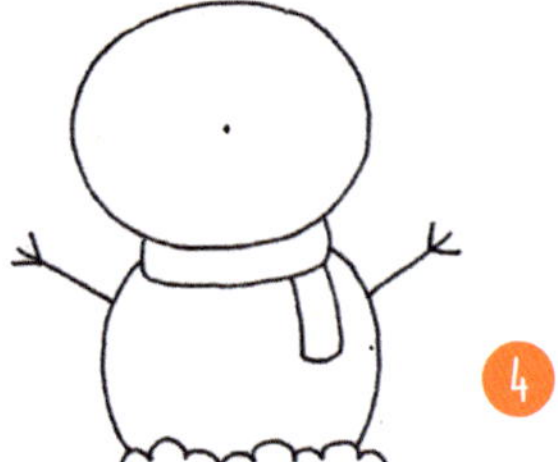

4

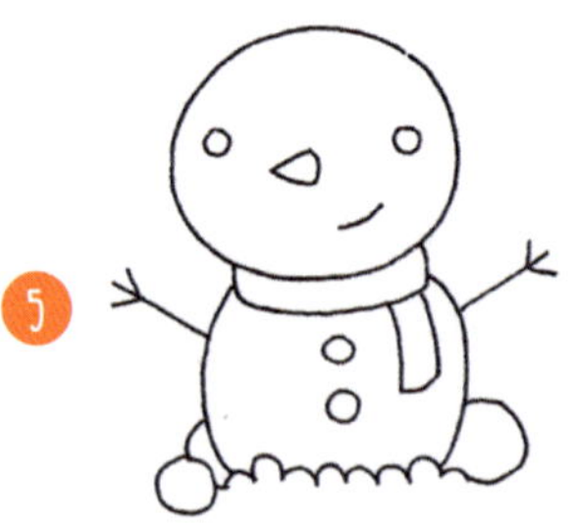

5

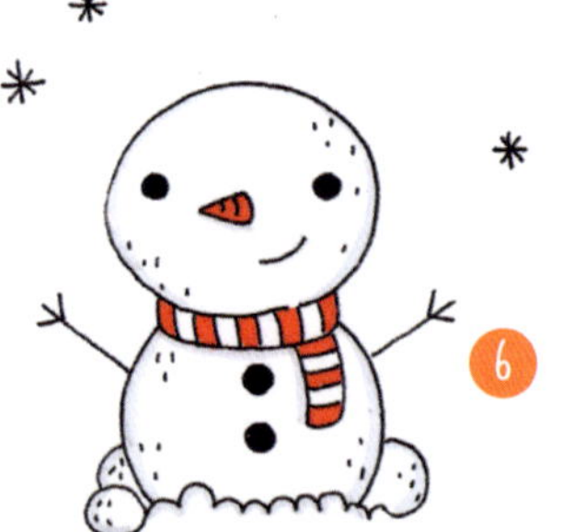

6

ZEICHNE ES!

WINTERWÄRMER

Gib deinem Schneemann oder deiner Schneefrau neben einem Schal in den Farben deiner Lieblingsmannschaft Ohrenschützer und eine kuschelige Mütze, um die Kälte abzuwehren.

SEESTERNE

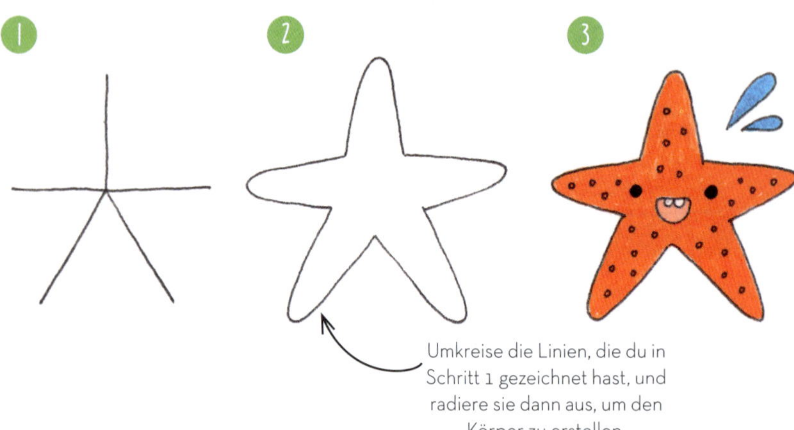

EINE GALAXIE AUS SEESTERNEN

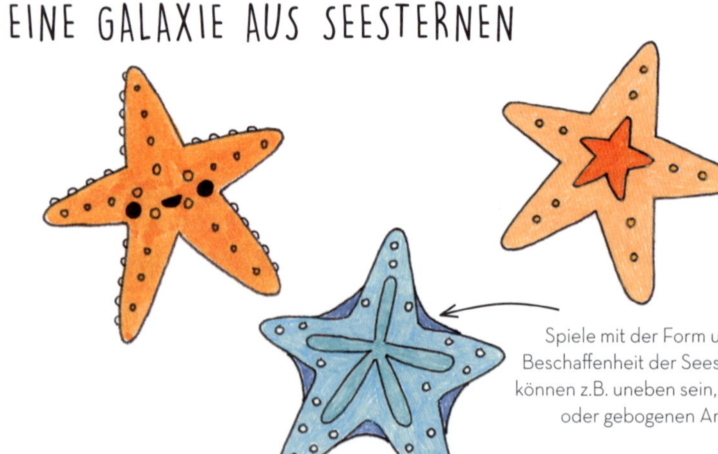

TESTE DEINE SEESTERN-FÄHIGKEITEN!

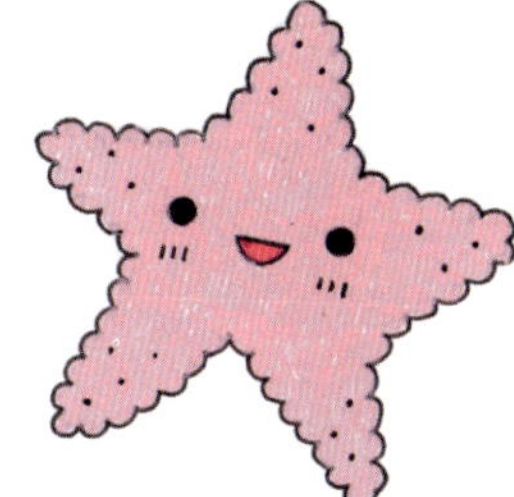

SUPERSTERN

Halte die Linien um die Außenseite der Seesternform locker und fließend, oder sogar ein bisschen wackelig – schließlich handelt es sich um ein Lebewesen, es soll nicht zu starr aussehen. Seine Arme können sogar leicht unterschiedlich lang sein.

WEIHNACHTSSTRÜMPFE

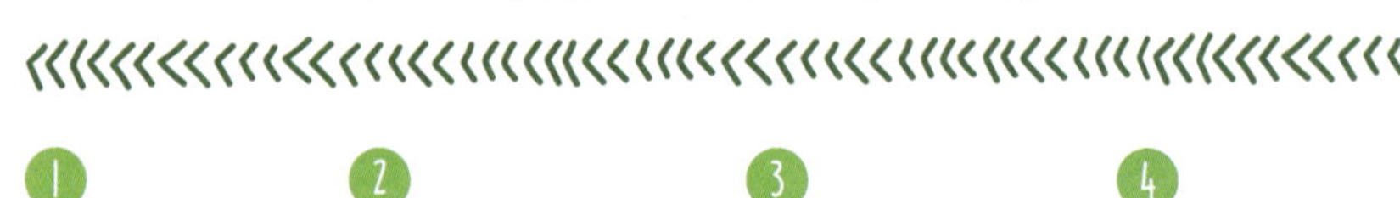

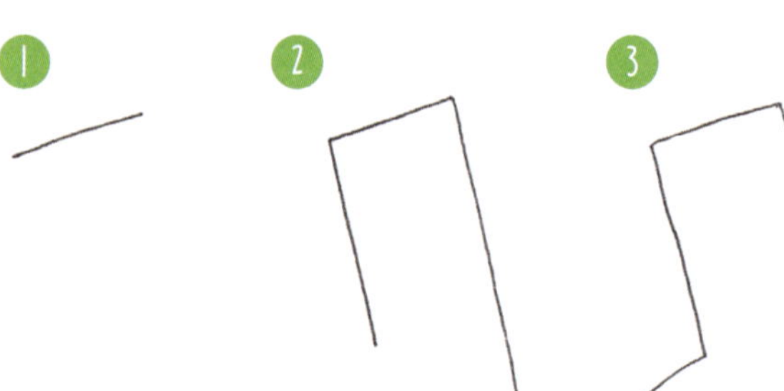

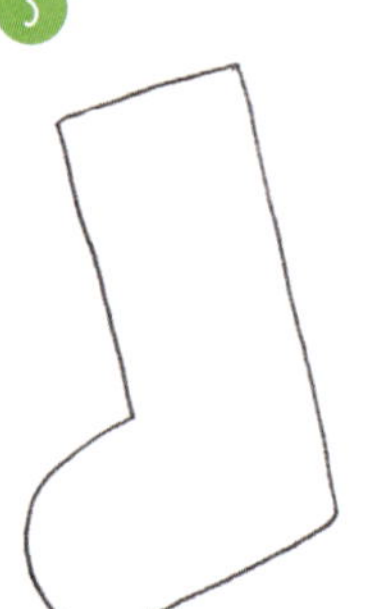

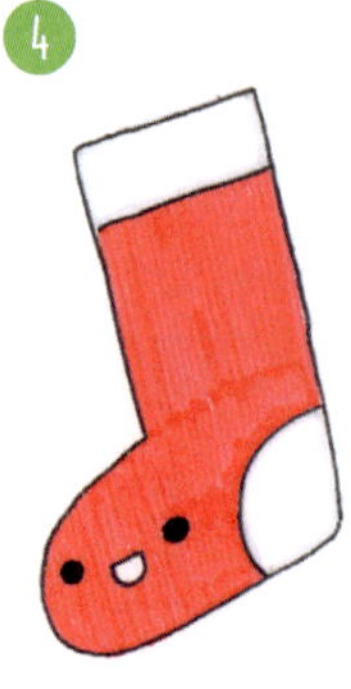

HÄNGE DIE STRÜMPFE AM KAMIN AUF

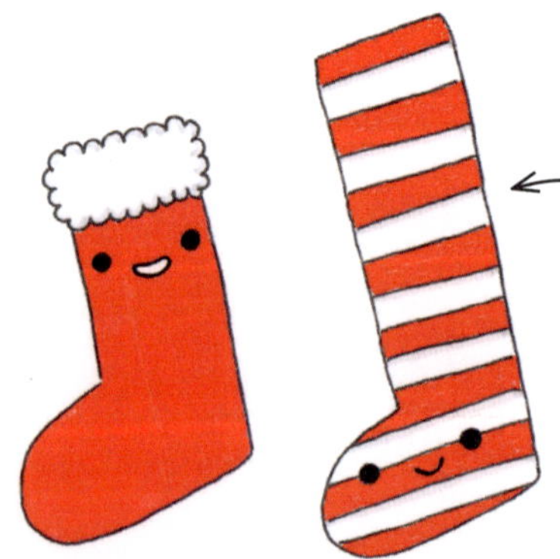

Zeichne nicht nur eine Größe. Deine Strümpfe können kurz, lang oder extra lang sein!

KREATIVE FARBEN!

Rot, Grün und Gold sind die offensichtliche Wahl für weihnachtliche Farben und sehen immer gut zusammen aus, aber du kannst ruhig experimentieren. Lege alle Buntstifte auf den Tisch und lass deiner Fantasie freien Lauf!

DU BIST DRAN!

AUS DEM KOFFER LEBEN

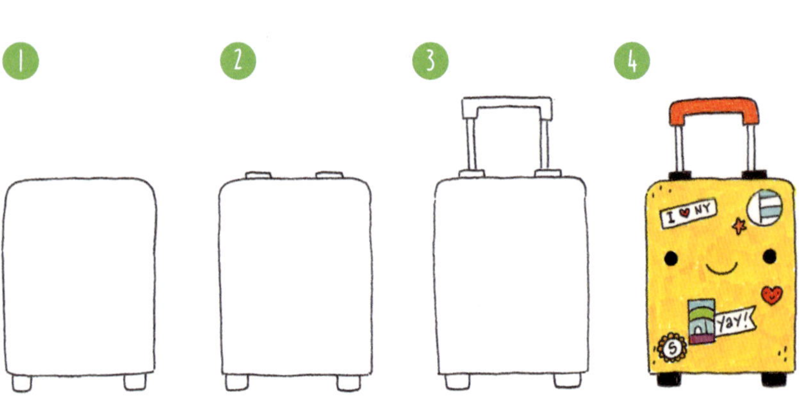

LOS GEHT'S!

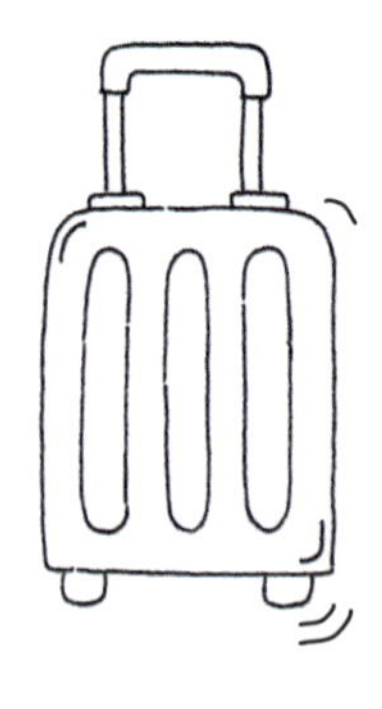

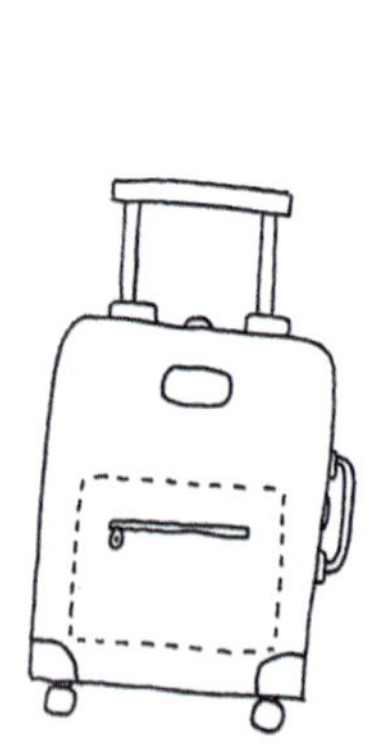

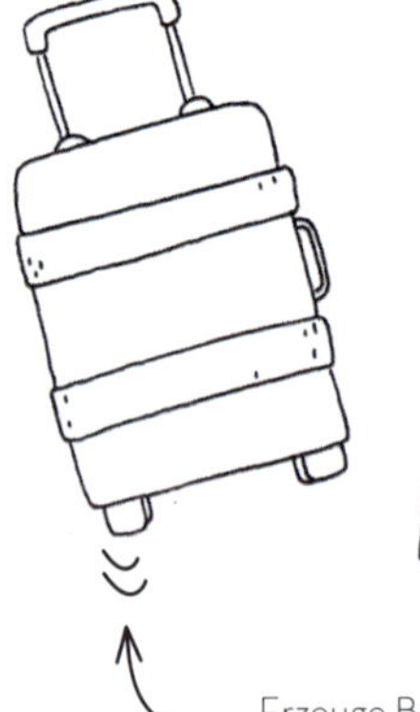

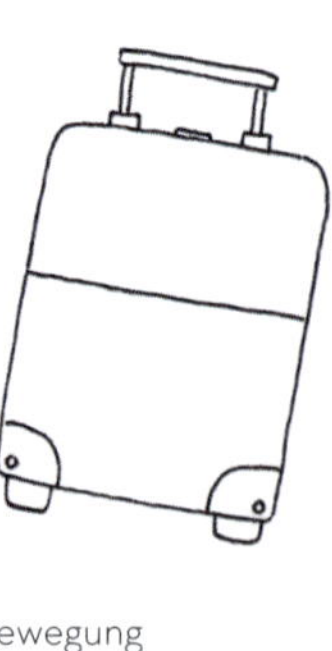

Erzeuge Bewegung durch gebogene Linien.

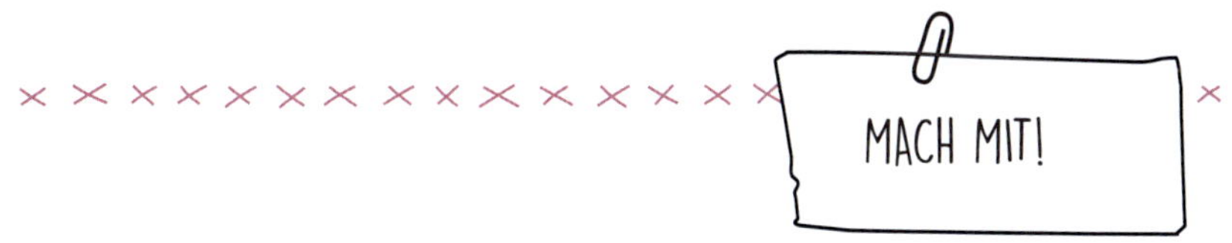

PACKE DEINE TASCHEN!

Habe Spaß daran, deinen Taschen und Koffern verschiedene Charaktere zu geben. Während ein Hartschalenkoffer eher wie eine harte Nuss aussieht, hat eine Gladstone-Tasche eher altmodischen Charme und eine Aktentasche wäre angemessen flott und geschäftlich.

SONNENBRILLEN

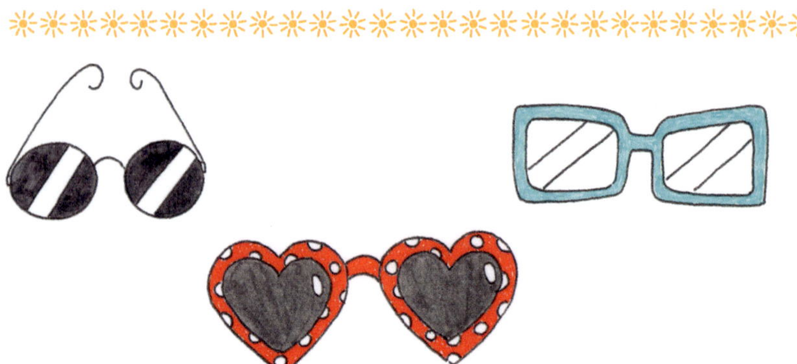

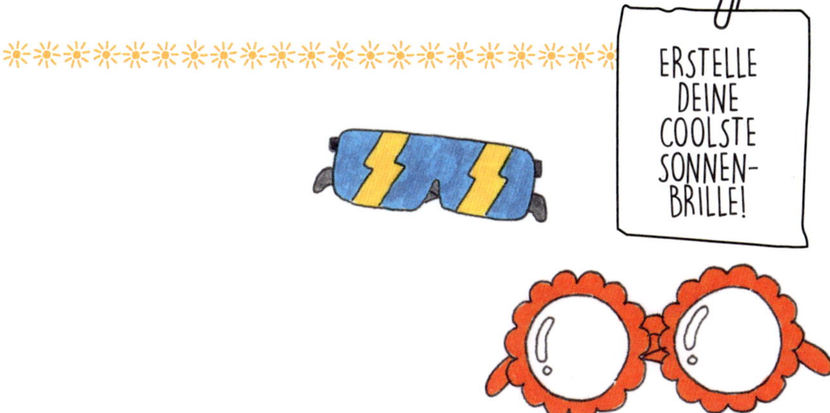

EXTRAVAGANTE BRILLEN

Von diamantbesetzten Rahmen bis hin zu verrückten Designs in Form von Vogelflügeln – die richtige Sonnenbrille lässt deine Kawaii-Figuren supercool aussehen.

ZEIT ZUM SURFEN

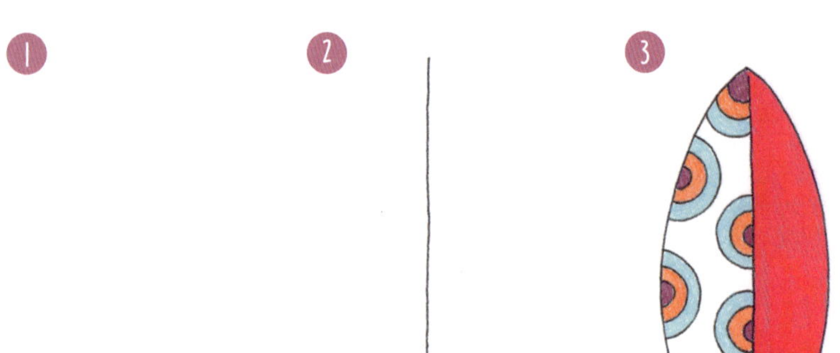

EIN BRETT FÜR JEDE GELEGENHEIT

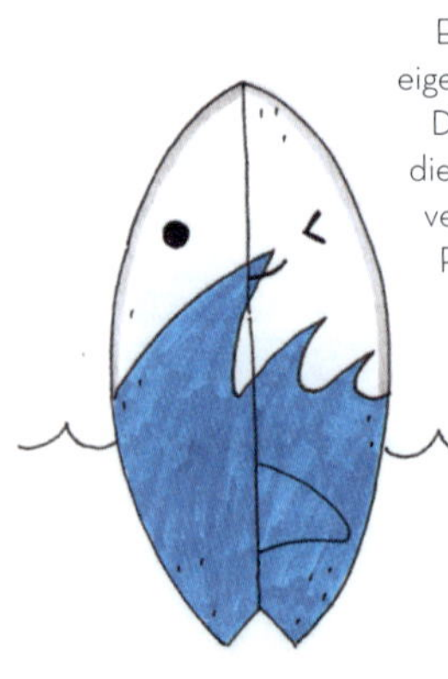

Erstelle dein eigenes Surfbrett-Design durch die Verwendung verschiedener Formen und Muster.

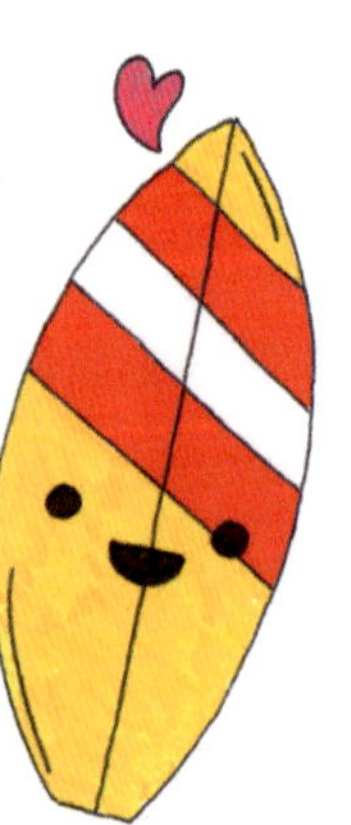

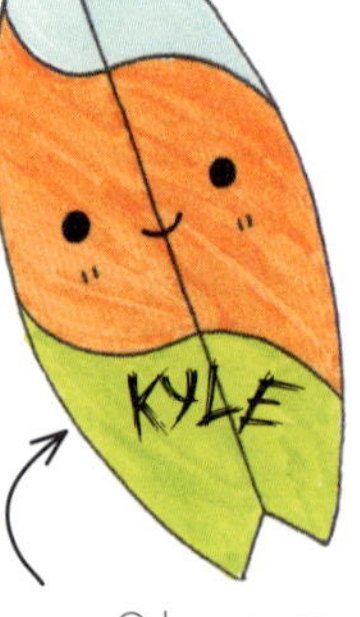

Oder warum personalisierst du es nicht mit deinem Namen?

DU BIST DRAN!

HEY, KUMPEL!

Surfbretter sind so bunt wie die Personen, die sie fahren. Es gibt sie in verschiedenen Formen: lang und spitz, bauchig und abgerundet; manche haben eine schwalbenschwanzförmige Flosse. Sei kreativ und gib deinem Brett eine ganz eigene Persönlichkeit.

KLITZEKLEINER BIKINI

1

2

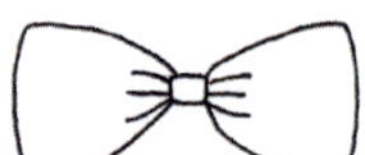

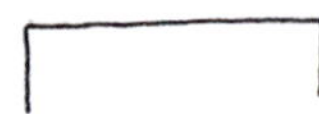

3

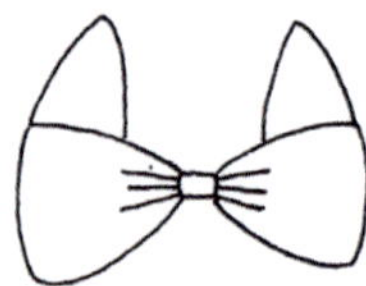

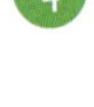

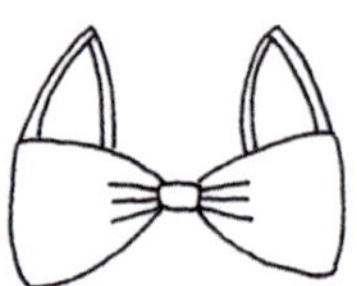

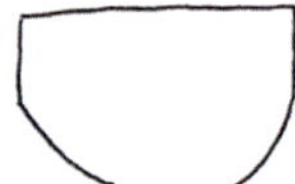

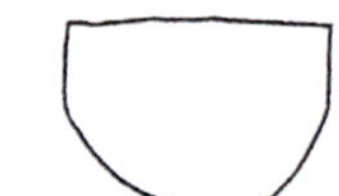

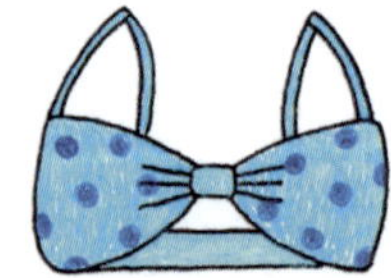

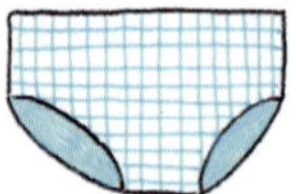

ENDLICH SOMMER!

Ob mit zwei Trägern, als Neckholder oder trägerlos, deine Figuren können sich in einem schicken Bikini abkühlen. Du kannst den gleichen Stoff für Ober- und Unterteil verwenden, oder einen Teil einfarbig und den anderen gemustert gestalten – Achte darauf, dass die Farben zueinander passen!

Wähle Tupfen, Sterne oder Streifen, damit dein Bademode hervorsticht!

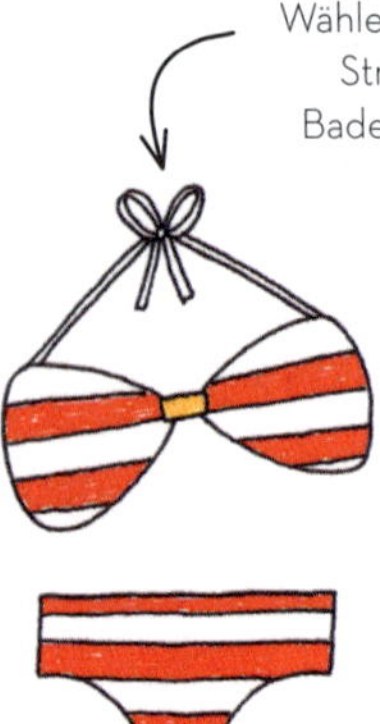

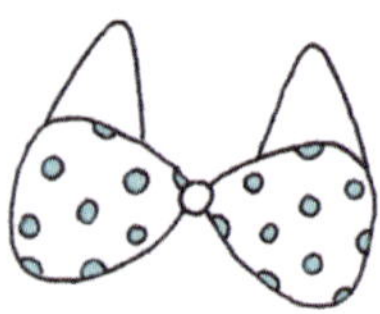

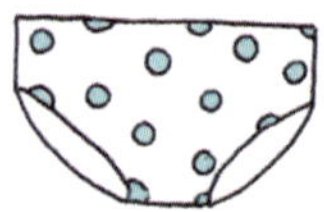

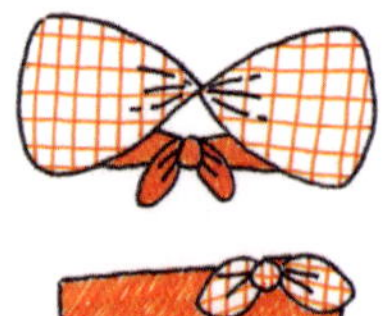

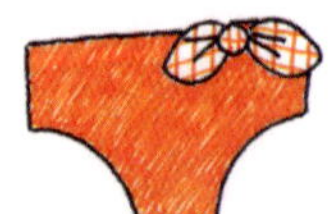

DESIGNE DEINEN EIGENEN BIKINI!

SCHICKER BADEANZUG

Versuche dich an der Gestaltung eines Einteilers – mit Tupfen, Streifen oder verschiedenen Mustern für einen verspielten, aber stilvollen Look.

GIEßKANNE

1

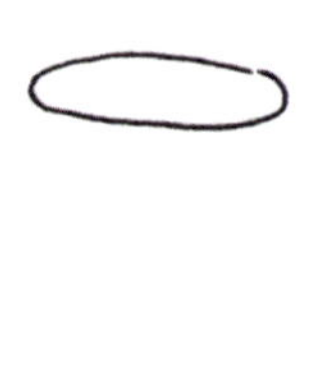

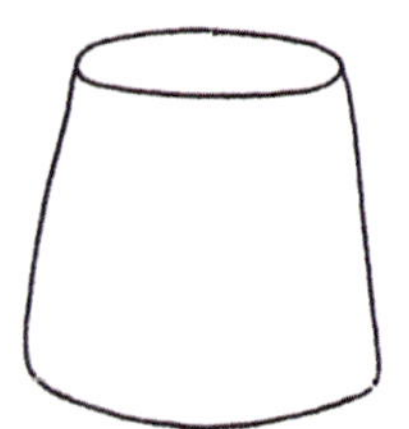

2

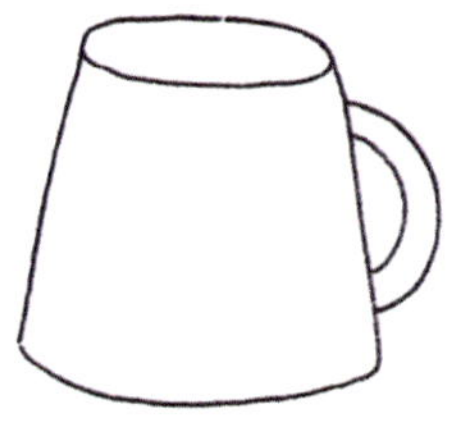

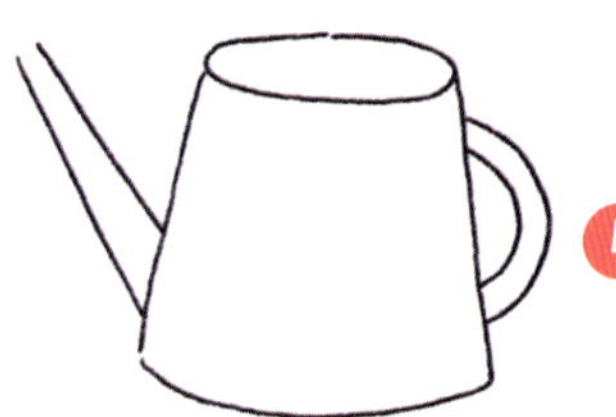

4

5

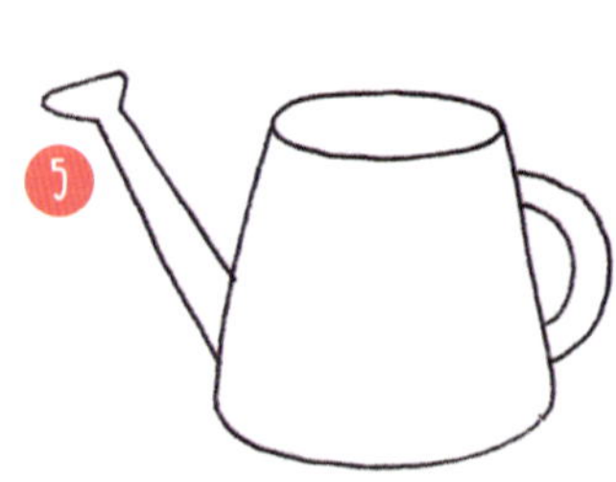

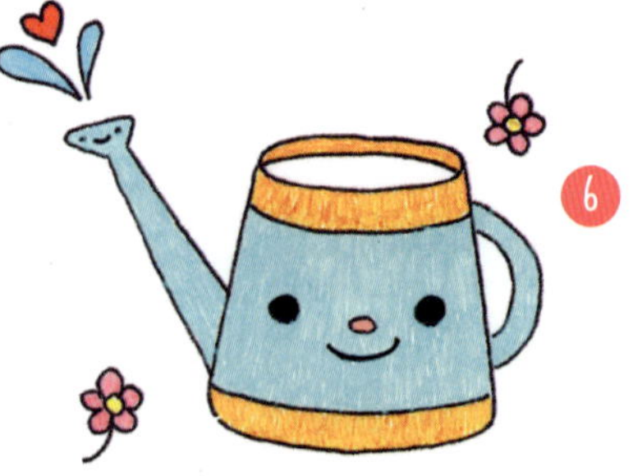

6

VERSUCHE ES SELBST!

WIE WÄCHST DEIN GARTEN?

Mit ein bisschen Hilfe deiner freundlichen Gießkanne natürlich! Du könntest auch einen verrückten Gartenschlauch malen, der im Kreis herumläuft, um alle Pflanzen mit einem durstlöschenden Getränk zu versorgen.

O TANNENBAUM!

1 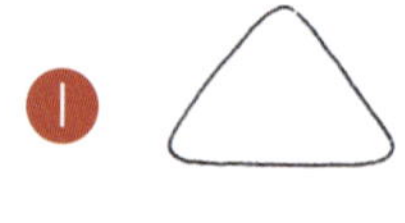

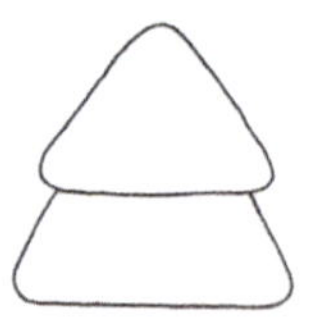 

3 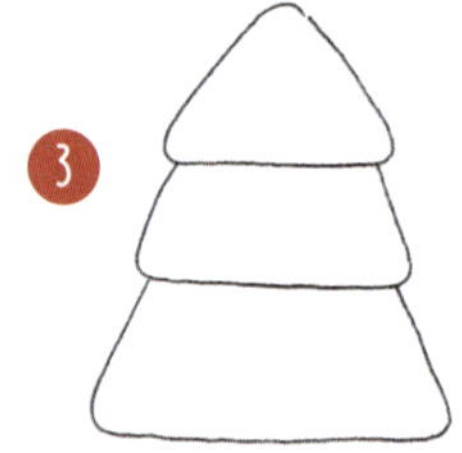

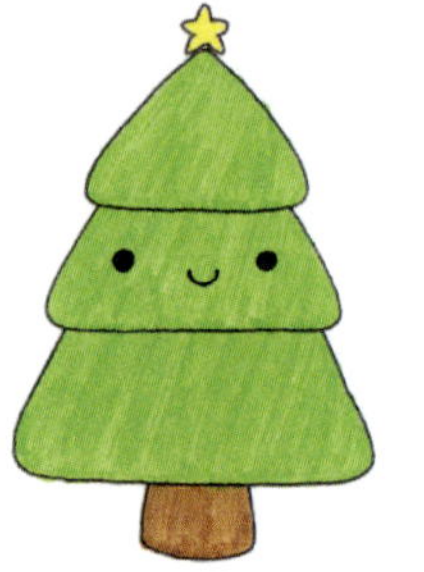 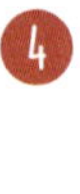

FUNKEL, FUNKEL

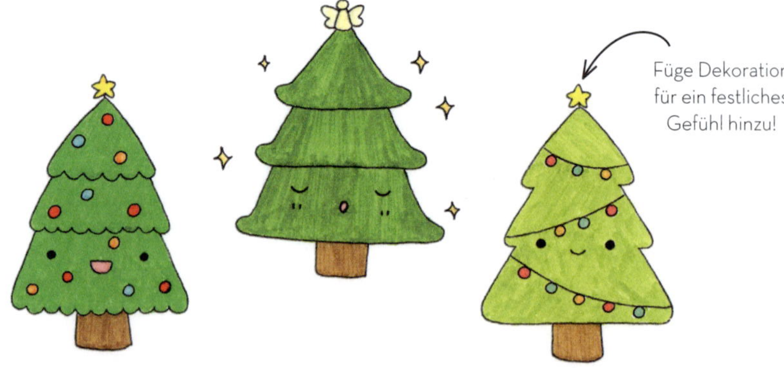

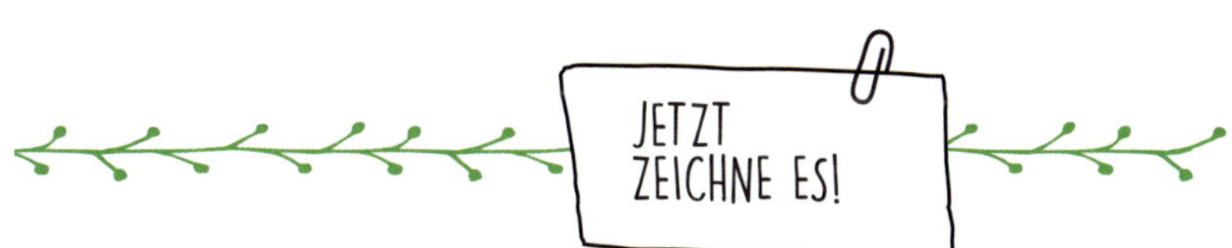

SCHNICKSCHNACK

Zeichne rot-weiß gestreifte Zuckerstangen, riesige Schneeflocken, bunte Kugeln und Lichterketten – gestalte deinen Weihnachtsbaum so auffallend wie möglich!

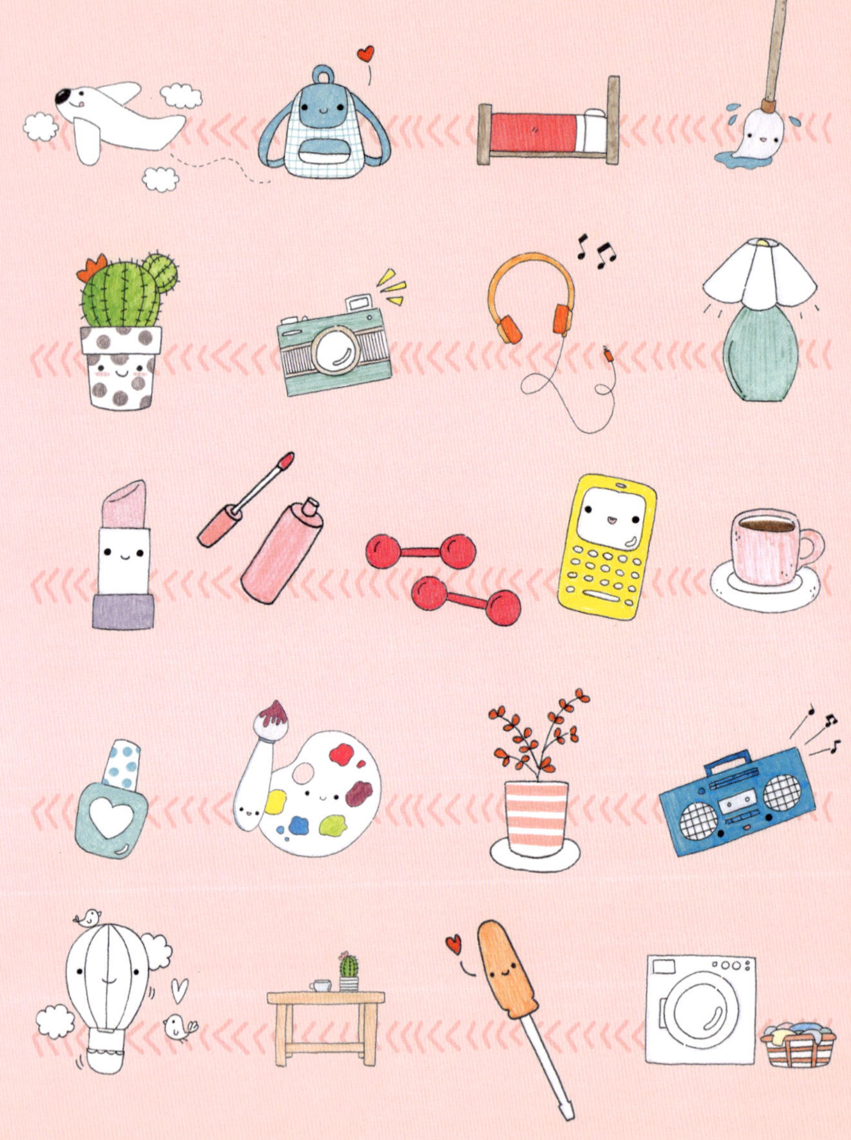

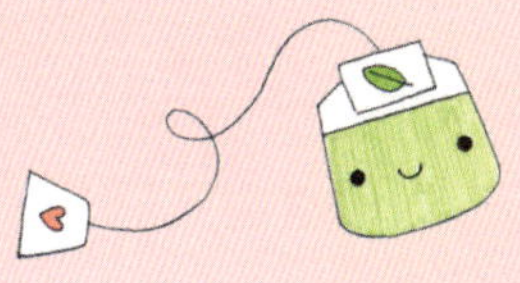

ALLTAG

Ich zeichne gerne Gegenstände, die bei mir zu Hause herumliegen. Das Skizzieren von Möbeln, Besteck oder Tascheninhalten eignen sich prima zum Üben. In diesem Kapitel zeige ich dir schnelle und einfache Schritte zum Zeichnen zufälliger Alltagsgegenstände.

ÜBER DEN WOLKEN

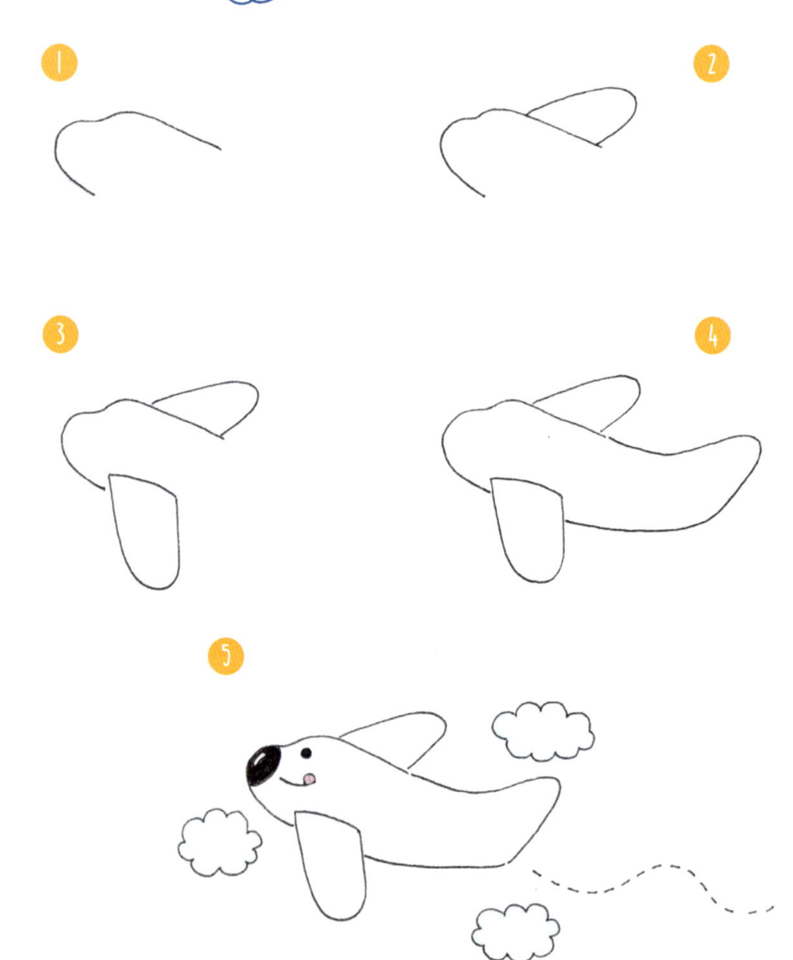

HELIKOPTER

Wenn du die Form ein wenig änderst und einen Satz surrende Rotorblätter hinzufügst, kannst du dein Flugzeug in einen mutigen kleinen Such- und Rettungshubschrauber verwandeln.

RUCKSACK

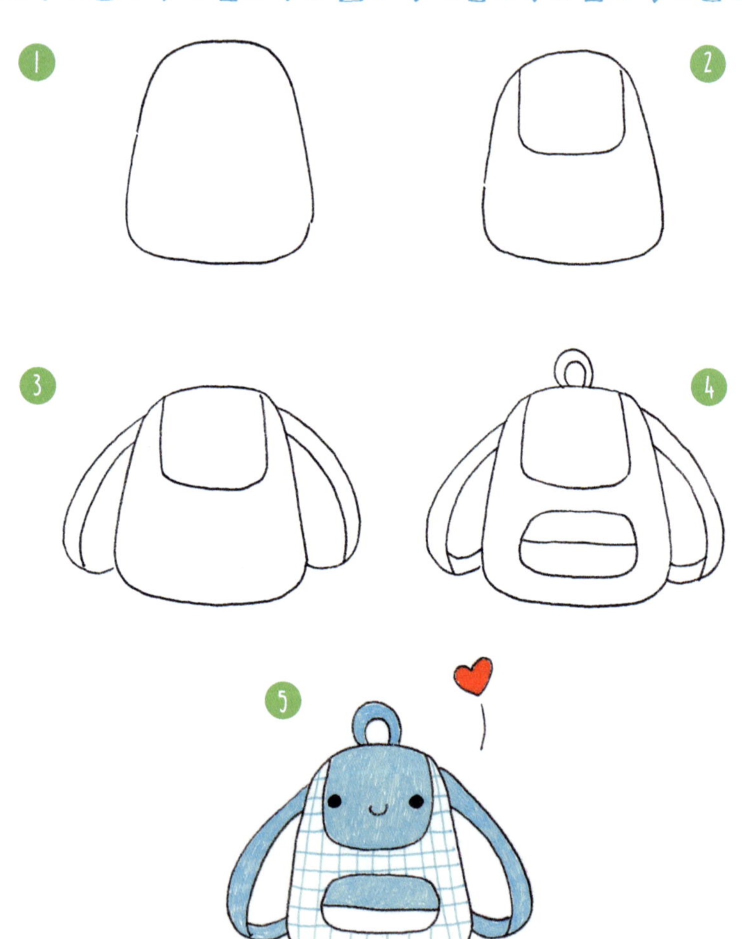

GRUNDFORM

Versuche, deinen Rucksack mit verschiedenen Farben und Mustern zu verschönern. Alternativ kannst du ihn auch vergrößern und mit einem stabilen Metallrahmen versehen, um ihn in einen Wanderrucksack zu verwandeln.

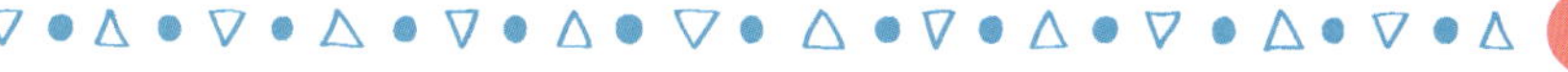

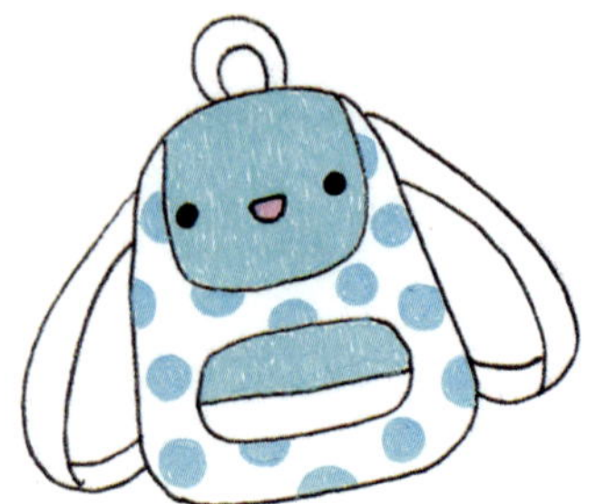

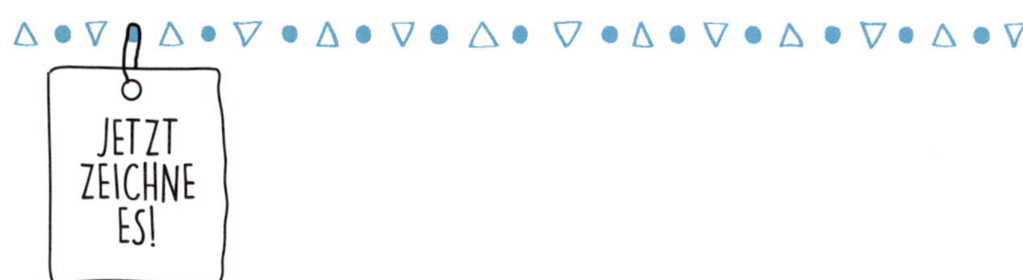

WAS IST IN DEINER TASCHE?

Enthält dein Rucksack Schminke oder Notizen und Stifte zum Zeichnen? Skizziere den Inhalt deines Rucksacks.

AB INS BETT

1

2

3

4

5

6

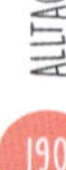

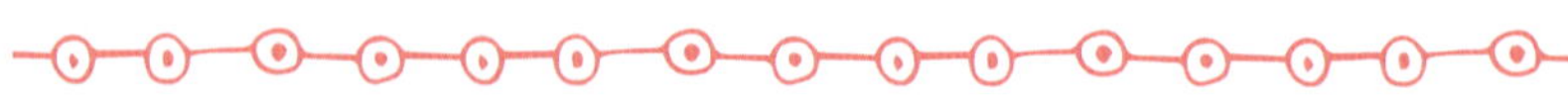

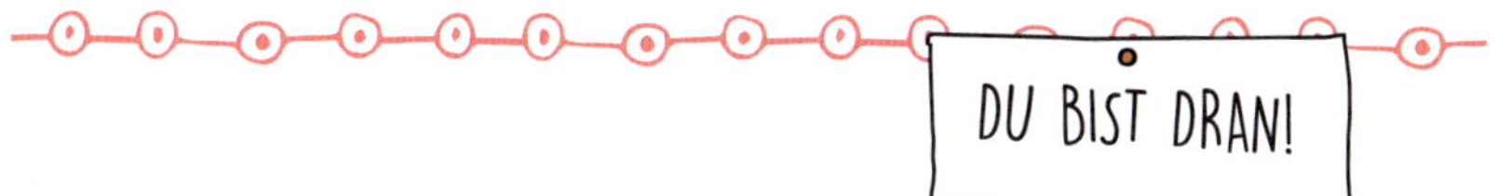

ZZZZZZ!

Auch weiche Einrichtungsgegenstände eignen sich hervorragend zum Zeichnen! Ein pralles Kissen, die Augen fest geschlossen, träumt vielleicht von Abenteuern.

GROßREINEMACHEN

1 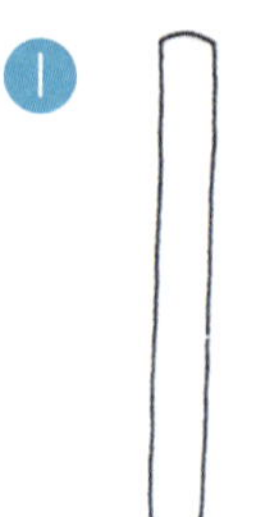

2 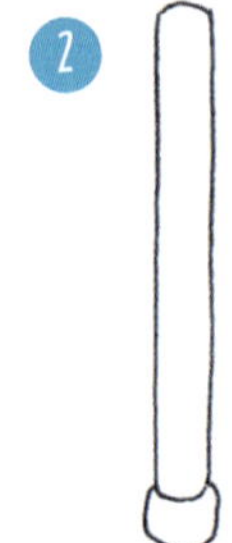

3 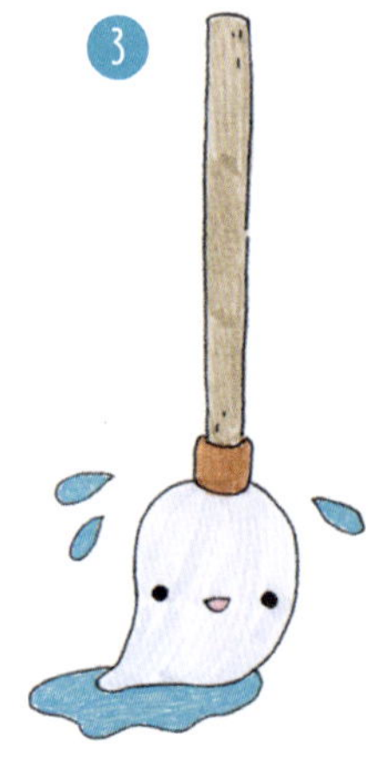

VERSUCHE ES SELBST!

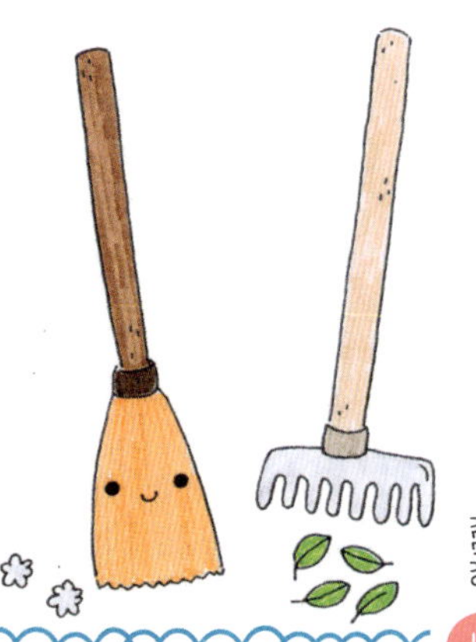

KANNST DU DAMIT UMGEHEN?

Welche anderen langstieligen Haushaltsgeräte kannst du zeichnen? Wie wäre es mit einem Spaten oder einer Hacke? Oder einem ausziehbaren Staubwedel? Oder wie wäre es mit einem Eimer für den Mopp, eine Kehrschaufel für den Besen und eine Schubkarre für die Gartengeräte?

KAKTUS

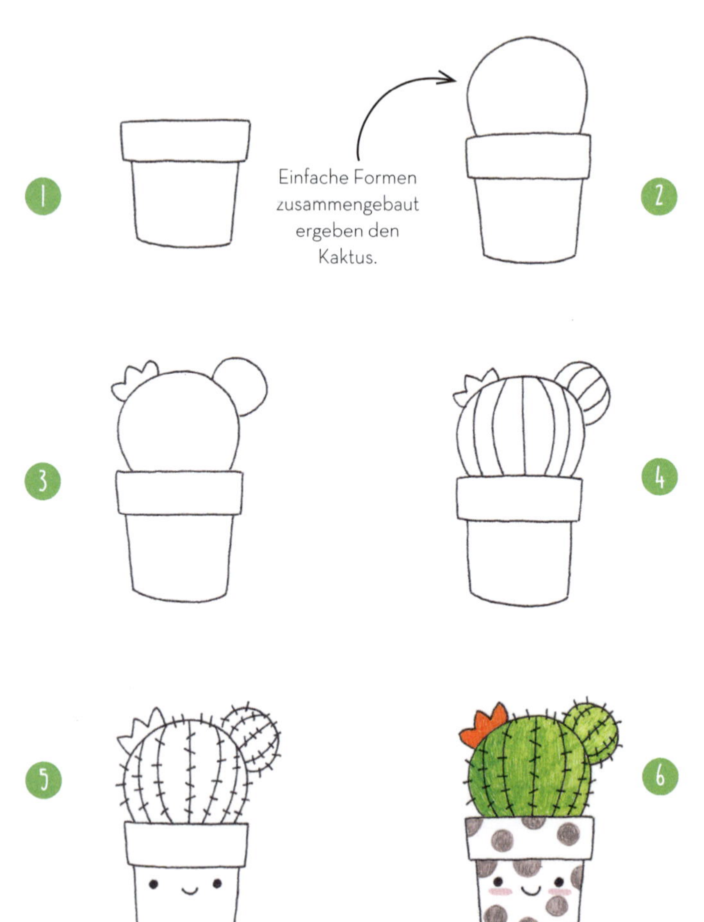
1
Einfache Formen
zusammengebaut
ergeben den
Kaktus.
2
3
4
5
6

VERSUCHE ES MAL!

EINFACHE SUKKULENTEN

Versuche, andere Kakteenarten zu zeichnen, z. B. den Feigenkaktus mit seinen abgeflachten „Ballen" oder den Saguaro, dessen „Äste" von einem Hauptstamm ausgehen. Du kannst die Stacheln mit wenigen Strichen zeichnen.

GRÜNER DAUMEN

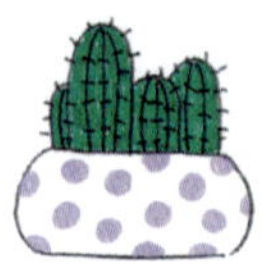
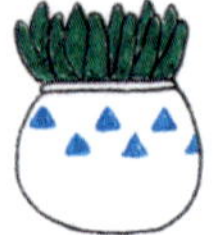

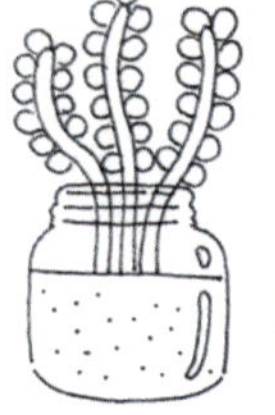
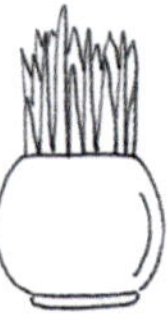

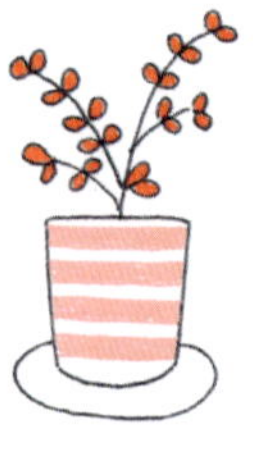

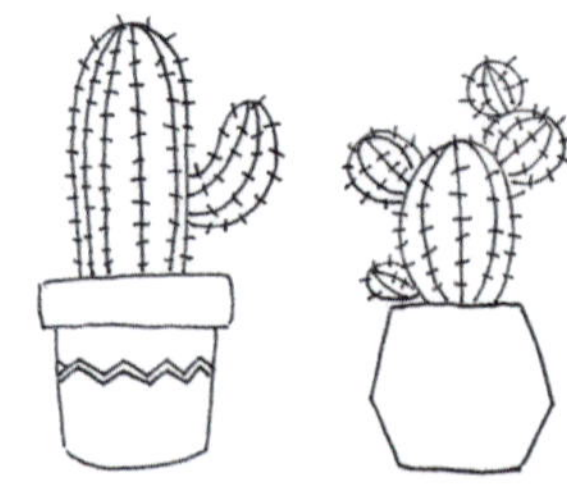

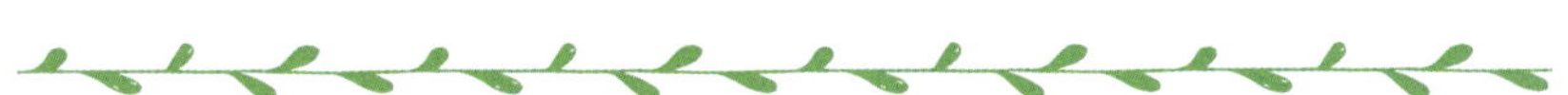

TOPFPFLANZEN

Versuche, Töpfe mit Farnen, Blumen und Sukkulenten zu zeichnen. Je bunter, desto besser!

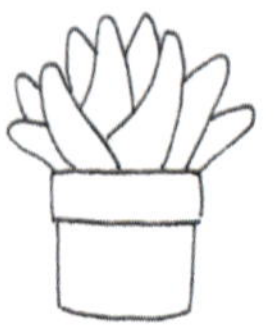

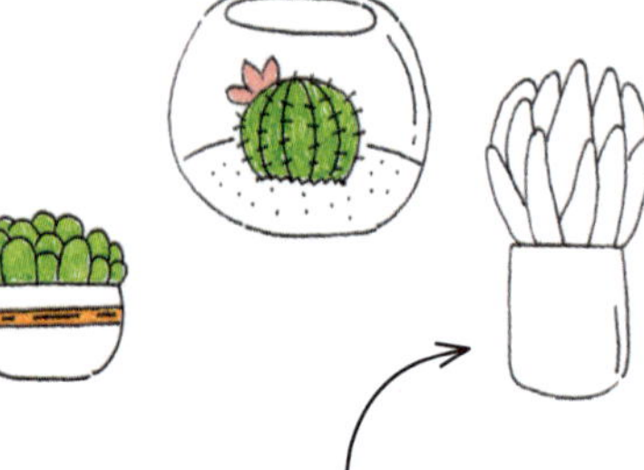

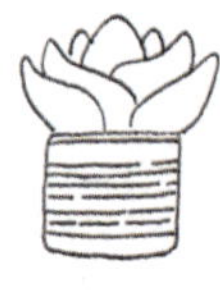

Gestalte verschiedene Pflanzgefäße
durch Formen wie Sechsecke,
Quadrate und Zylinder.

JETZT ZEICHNE ES!

AUFS TÖPCHEN GEHEN!

Du kannst Pflanzen aller Arten in außergewöhnlichen und wunderbaren Behältern züchten, von alten Milchkannen und Schubkarren bis hin zu Gummistiefeln. Sieh dich bei dir zu Hause um und finde heraus, welche ungewöhnlichen „Töpfe" du für deine Pflanzen verwenden kannst.

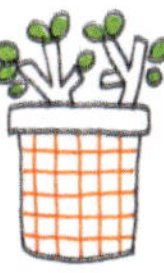

SCHNAPPSCHUSS

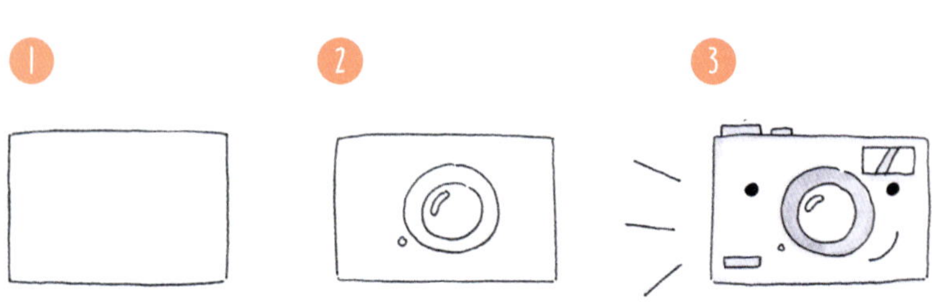

KLICK, KLICK, BLITZ

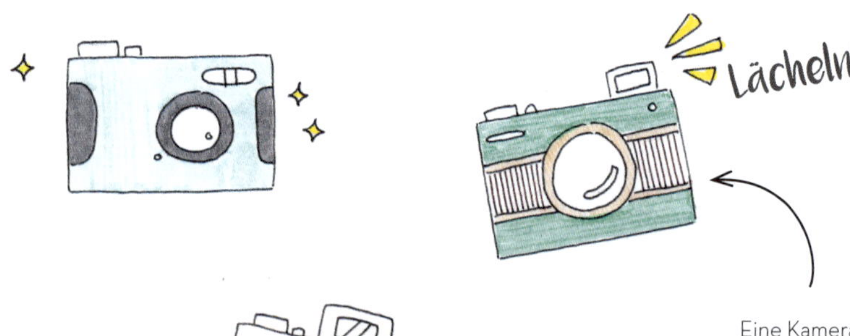

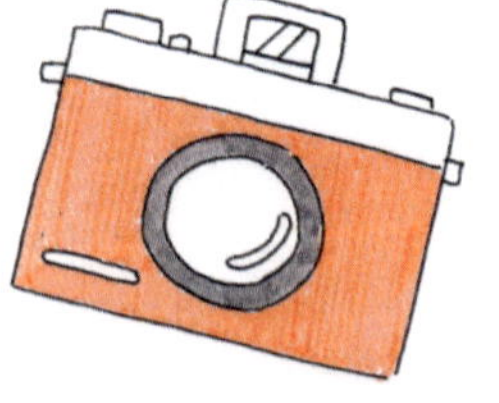

Eine Kamera hat drei grundlegende Bauteile – Objektiv, Blitz und Tasten!

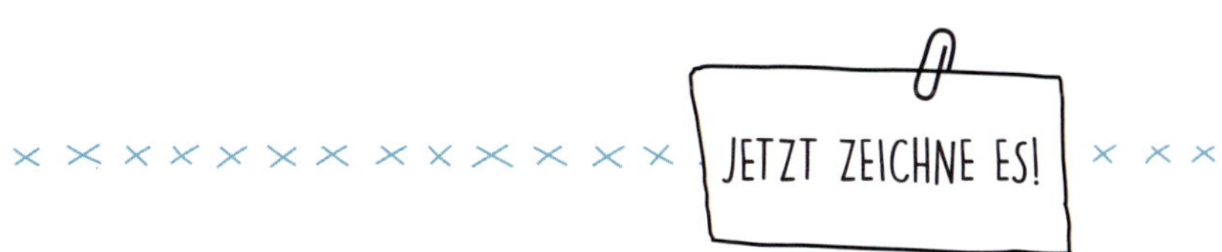

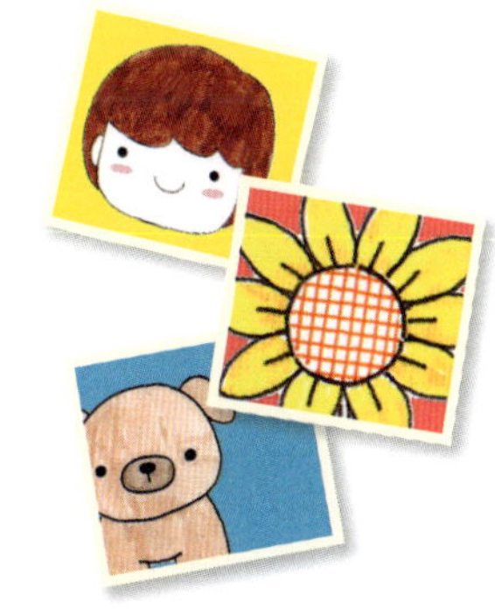

WO IST DAS VÖGELCHEN?

Was hat deine Kamera eingefangen? Zeichnungen von Fotos sind eine gute Möglichkeit, um zu zeigen, was abseits der Haupthandlung deines Bildes passiert.

MUSIK IN MEINEN OHREN

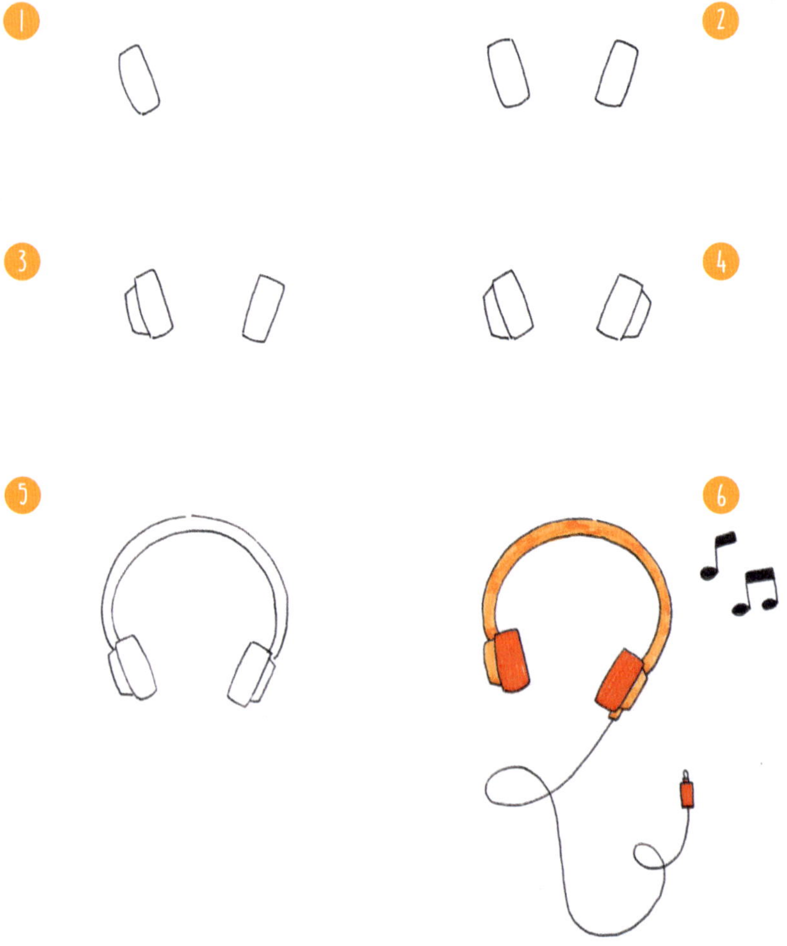

1

2

3

4

5

6

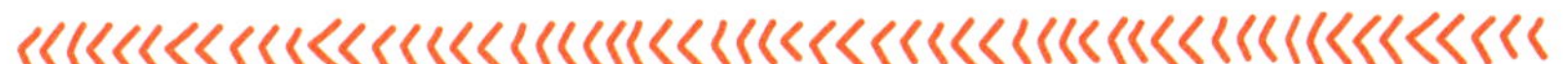

STATTE DEINE KAWAII-KREATIONEN MIT ACCESSOIRES AUS!

Ein einfacher Gegenstand, wie diese Kopfhörer oder ein Buch oder eine Gitarre, kann Bände sprechen. Welche Objekte würdest du auswählen, um einen Einblick in die Interessen deines Kawaii-Charakters zu geben?

EIN LICHTBLICK

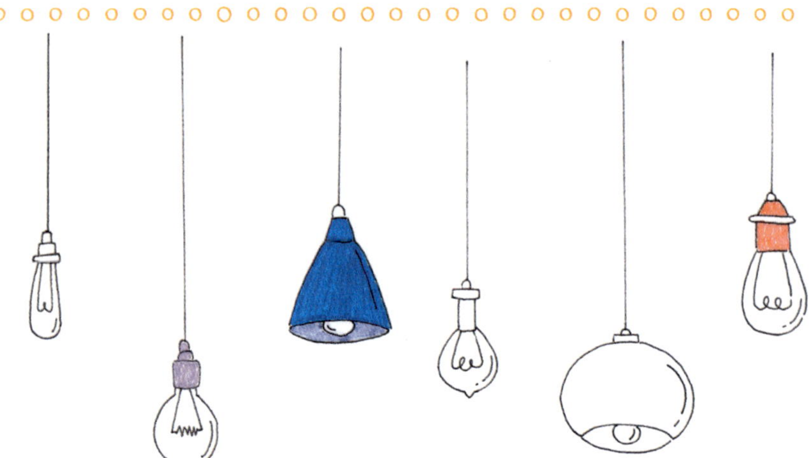

ES WERDE LICHT!

Ein paar einfache Stiftstriche genügen, um die Lichtstrahlen einer Glühbirne darzustellen.

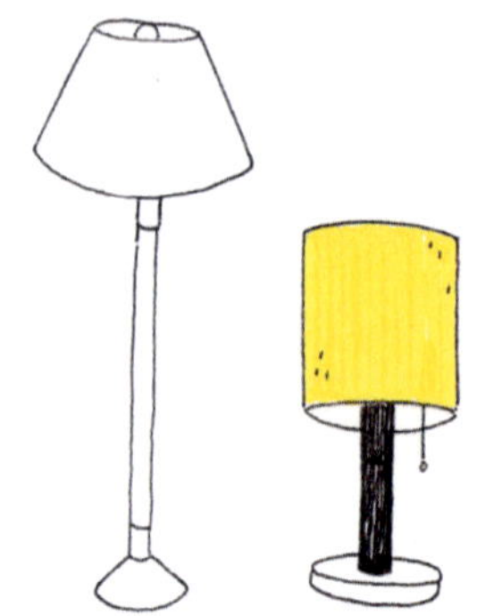

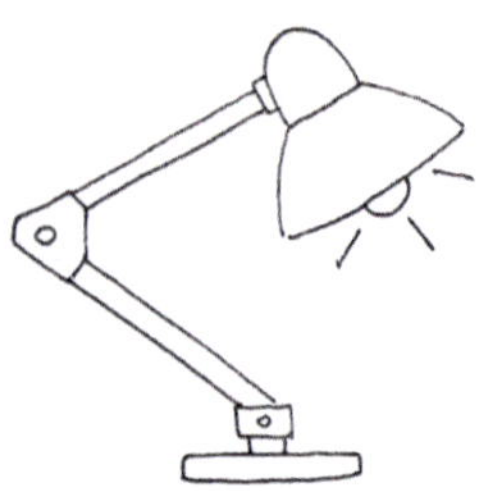

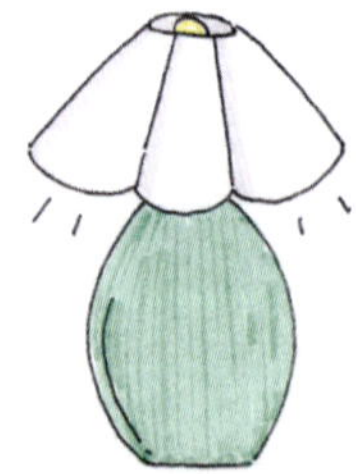

GESTALTE DEINE EIGENE LAMPE!

LAMPENSCHIRME

Versuche, Schreibtischlampen und Stehlampen mit verschiedenen Schirmen zu zeichnen.

ROTE LIPPEN SOLL MAN KÜSSEN

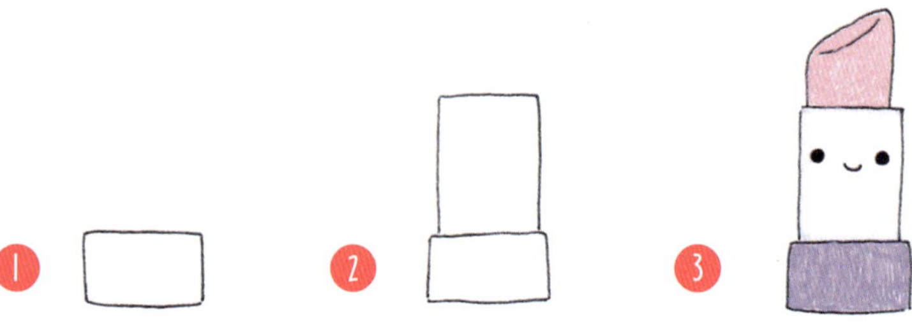

MIT EINEM KUSS BESIEGELT

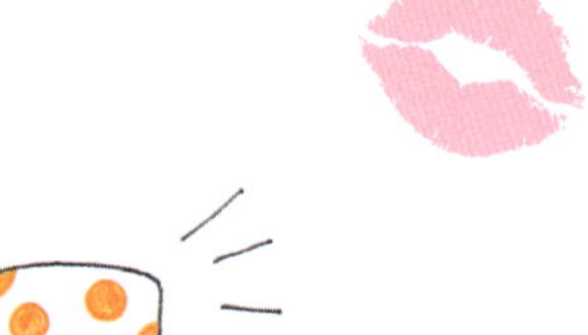

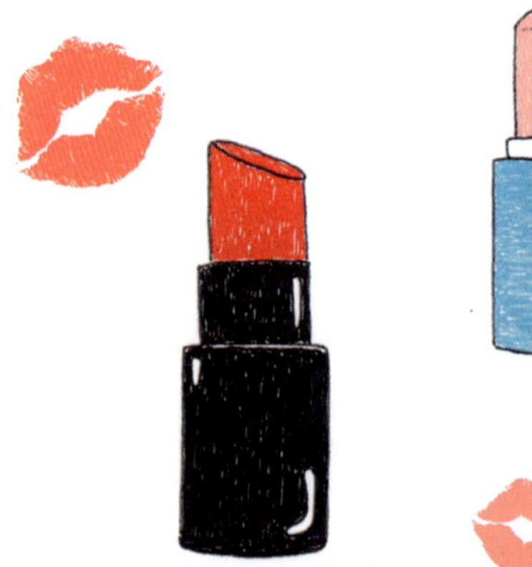

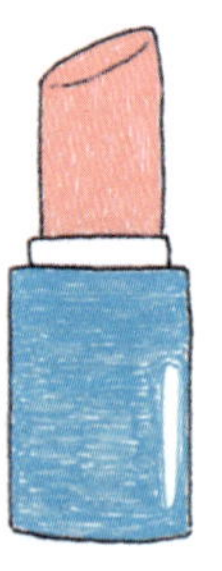

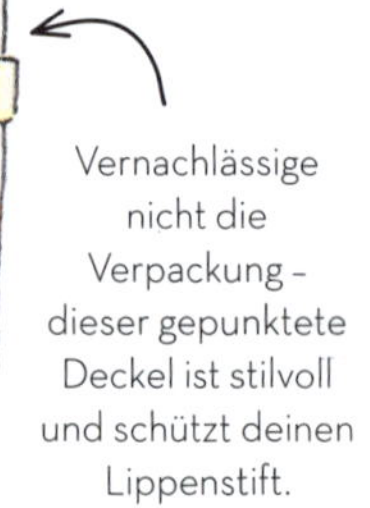

Vernachlässige nicht die Verpackung – dieser gepunktete Deckel ist stilvoll und schützt deinen Lippenstift.

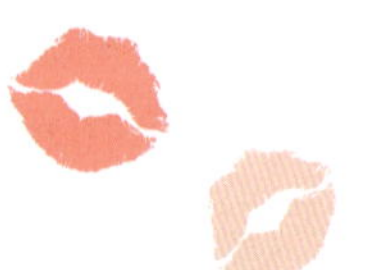

PROBIERE VERSCHIEDENE FARBEN AUS!

WÄHLE EINE FARBE

Welche Art von Persönlichkeit vermitteln die verschiedenen Lippenstiftfarben? Beerenrot für einen Vamp, Pink für eine Partyprinzessin, Schwarz für einen Grufti ... Das sind nur ein paar Möglichkeiten.

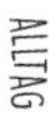

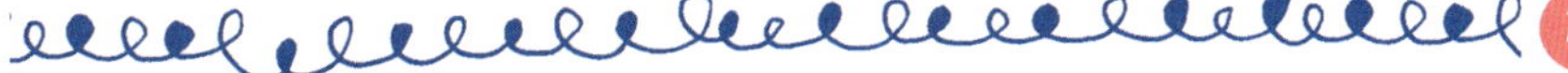

KOSMETIKA

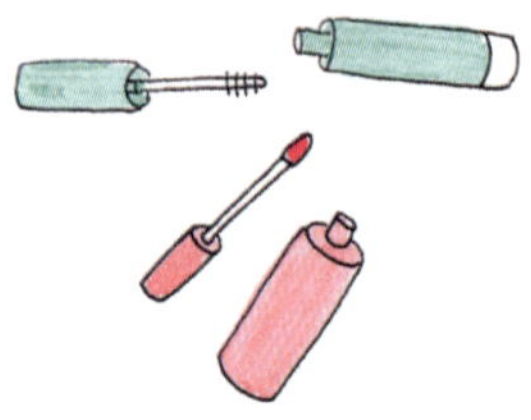

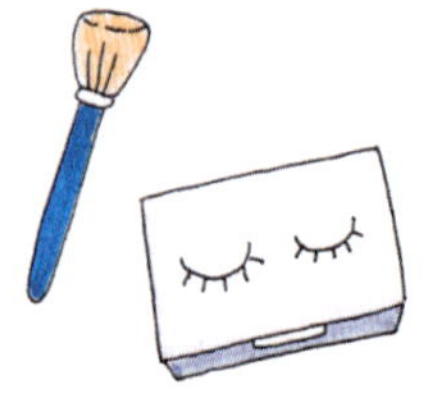

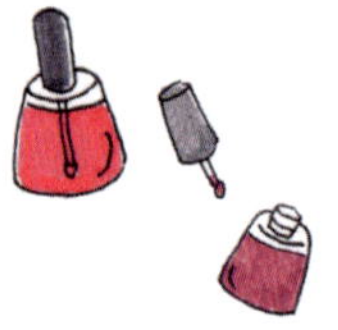

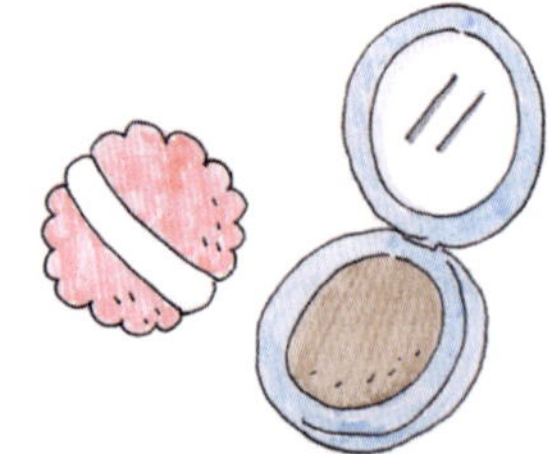

TEXTURTRICKS

Denke nicht nur an die Formen und Farben, sondern auch an die Textur der Dinge, die du zeichnest. Ein paar kleine Punkte können auf die Weichheit einer Puderquaste hinweisen, und ein paar Linien zeigen die reflektierende Oberfläche eines Spiegels: Es kommt auf die Details an!

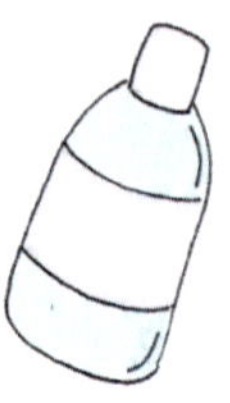

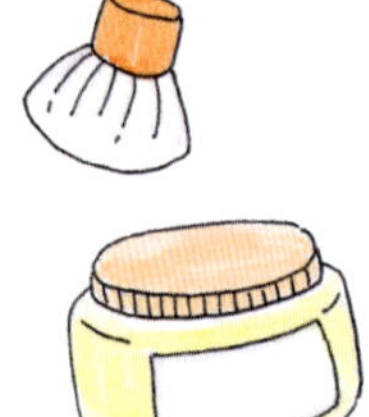

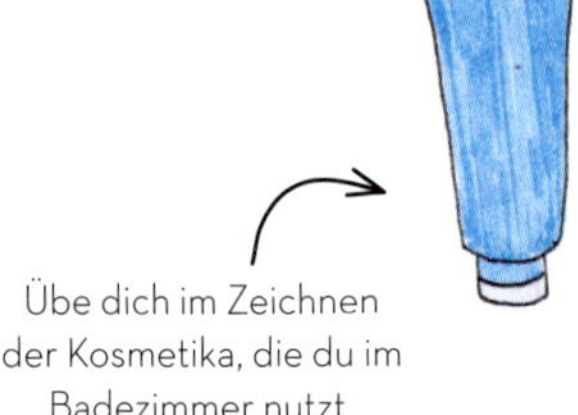

Übe dich im Zeichnen der Kosmetika, die du im Badezimmer nutzt.

VERSUCHE ES MAL!

SCHÖNHEITEN DES BADEZIMMERS

Schaumbäder in Blau- und Grüntönen, Tiegel mit Gesichtscreme, sogar eine gewöhnliche Zahnpastatube – wer hätte gedacht, dass dein Badezimmerschrank so viel Potenzial birgt?

RUF MICH AN

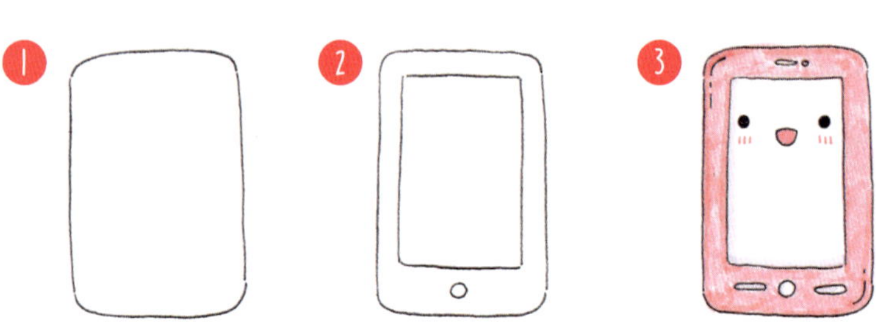

BILDSCHIRME UND SCHALTFLÄCHEN

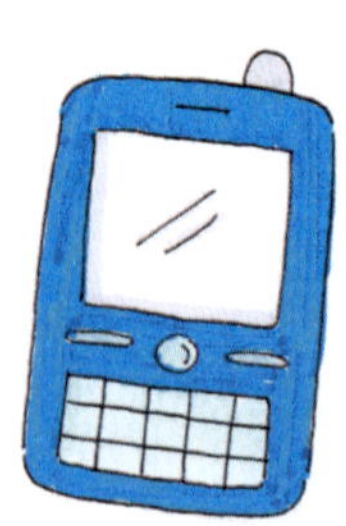

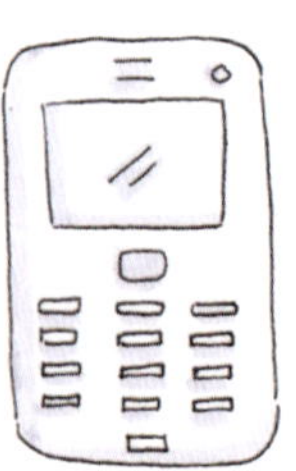

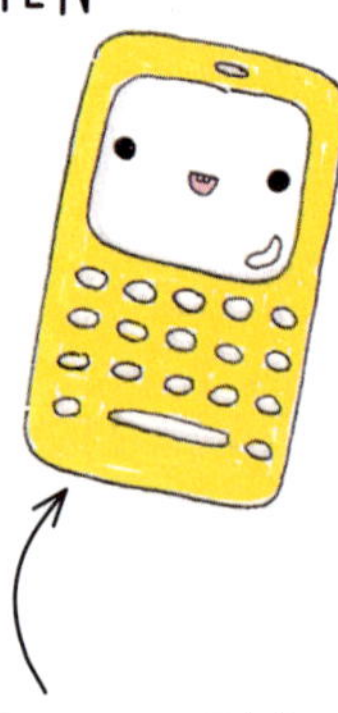

Die meisten Telefone haben ein Touchscreen, aber du kannst ein Tastenfeld zeichnen, um mehr Abwechslung zu schaffen.

DU BIST DRAN!

BRRRRING, BRRRRING!

Wie kannst du zeigen, dass das Telefon klingelt? Vielleicht kannst du ein Lautsprechersymbol oder Musiknoten daneben einfügen?

EIN TÄSSCHEN KAFFEE

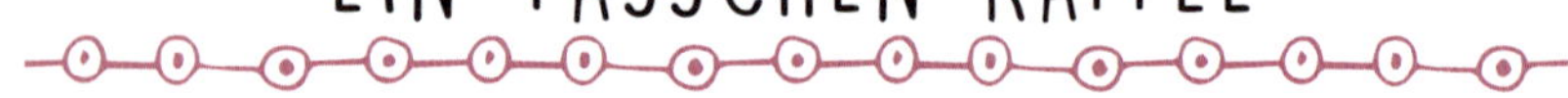

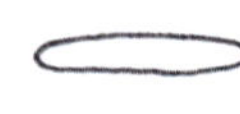

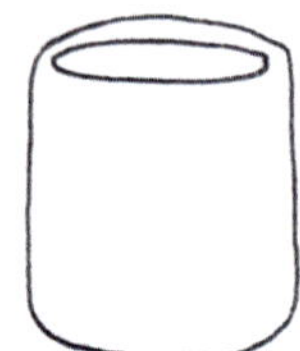

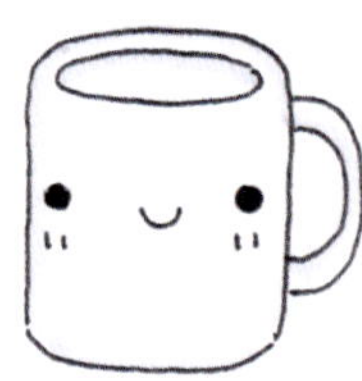

RANDVOLL

Ändere die Form des Trinkgefäßes, indem du verschiedene Striche zeichnest. Mache deine Linien kurvig, gerade oder schräg.

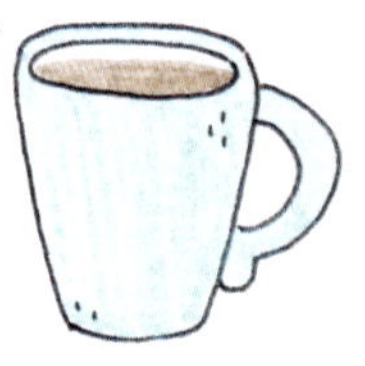

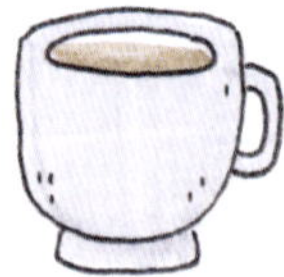

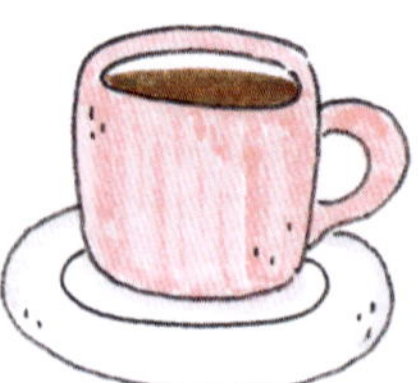

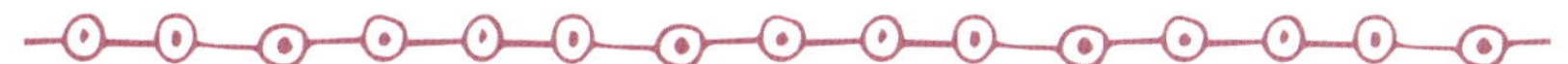

KAFFEEDUFT

Schlage zwei Fliegen mit einer Klappe - mache dir frühmorgens eine Tasse Kaffee und nutze diese, um ein wenig zu zeichnen!

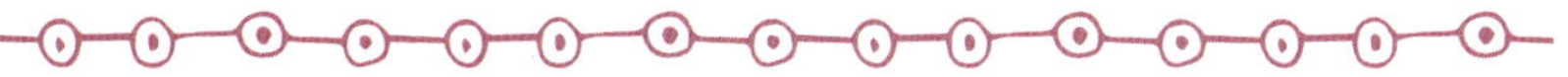

NAGELLACK

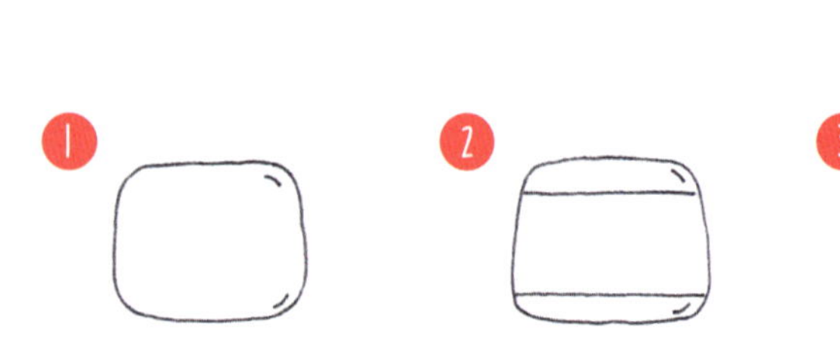

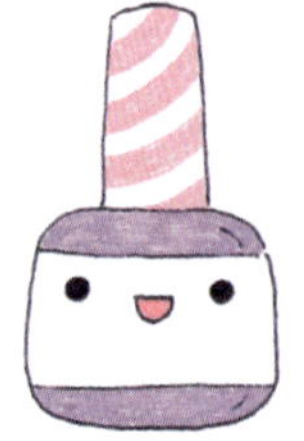

BUNTE FLÄSCHCHEN

Kombiniere die Glasfläschchen mit verschiedenen Verschlüssen, um neue Formen zu kreieren.

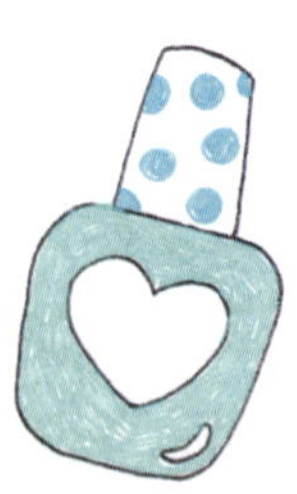

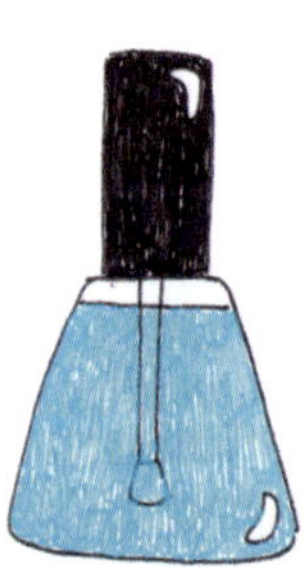

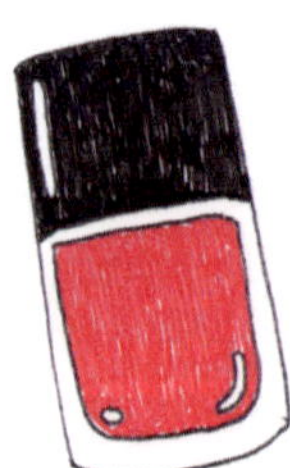

JETZT ZEICHNE ES!

DU HAST DEN NAGEL AUF DEN KOPF GETROFFEN!

Plündere deine Schminktasche und zeichne alle Nagellackfläschchen, die du darin findest. Vergiss nicht, kleine weiße Linien zu zeichnen, um zu zeigen, dass die Fläschchen das Licht reflektieren.

FARBPALETTE

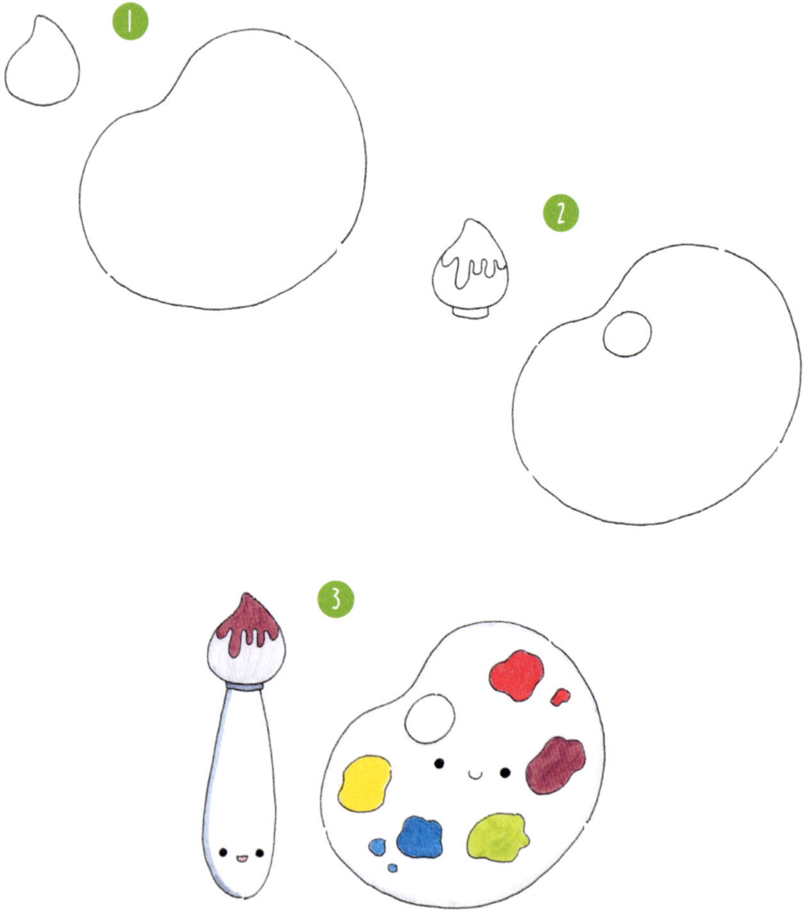

1

2

3

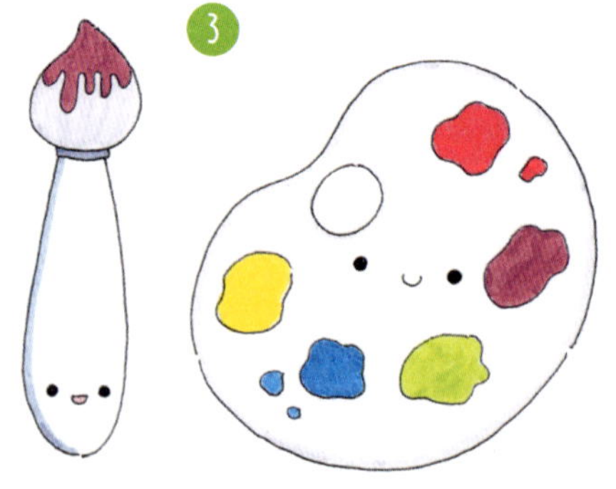

ERSTELLE DEINE EIGENE FARBPALETTE!

KÜNSTLERISCHE FREIHEIT

Eine nierenförmige Palette ist ein Muss für jeden Künstler. Bedecke deine mit bunten Spritzern und Klecksen – Die Farben kannst du frei wählen!

AUF SENDUNG

1 

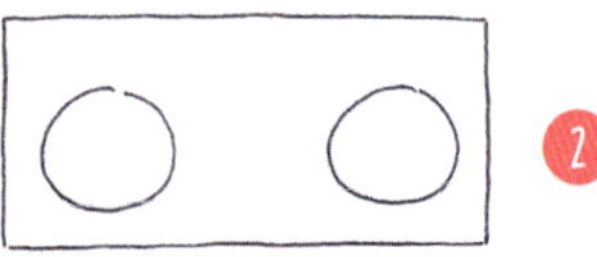 2

3 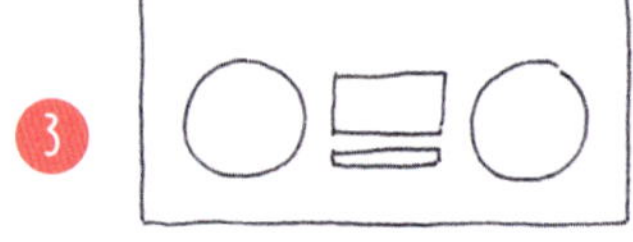

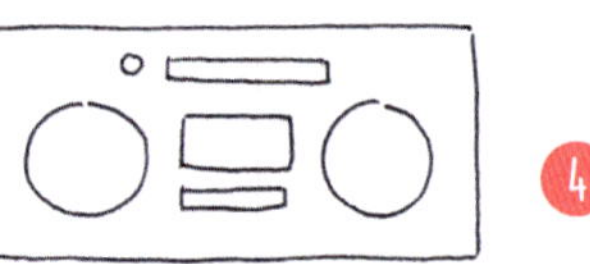 4

5 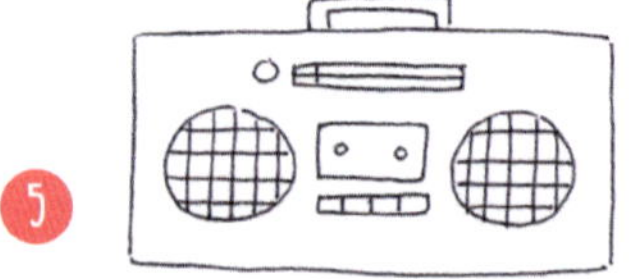

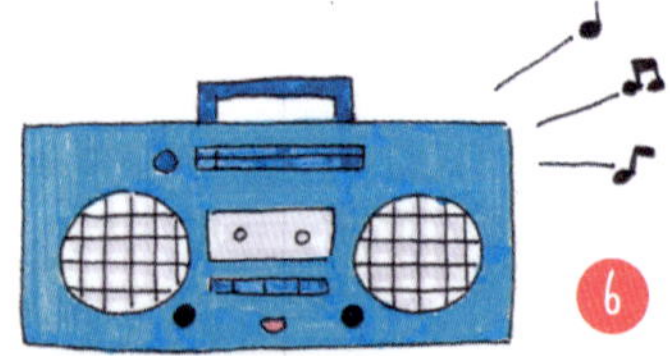 6

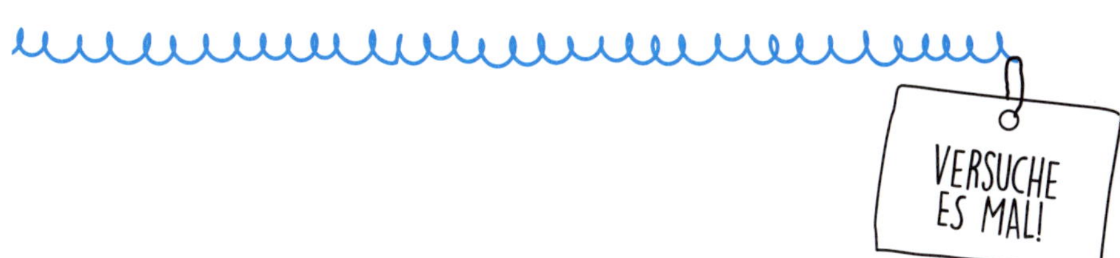

MUSIK, MAESTRO!

Wenn du ein Musikliebhaber bist, wäre ein wirklich altmodischer Plattenspieler, komplett mit trompetenförmigen Lautsprechern, eine schöne Zeichnung.

TISCHLEIN DECK DICH

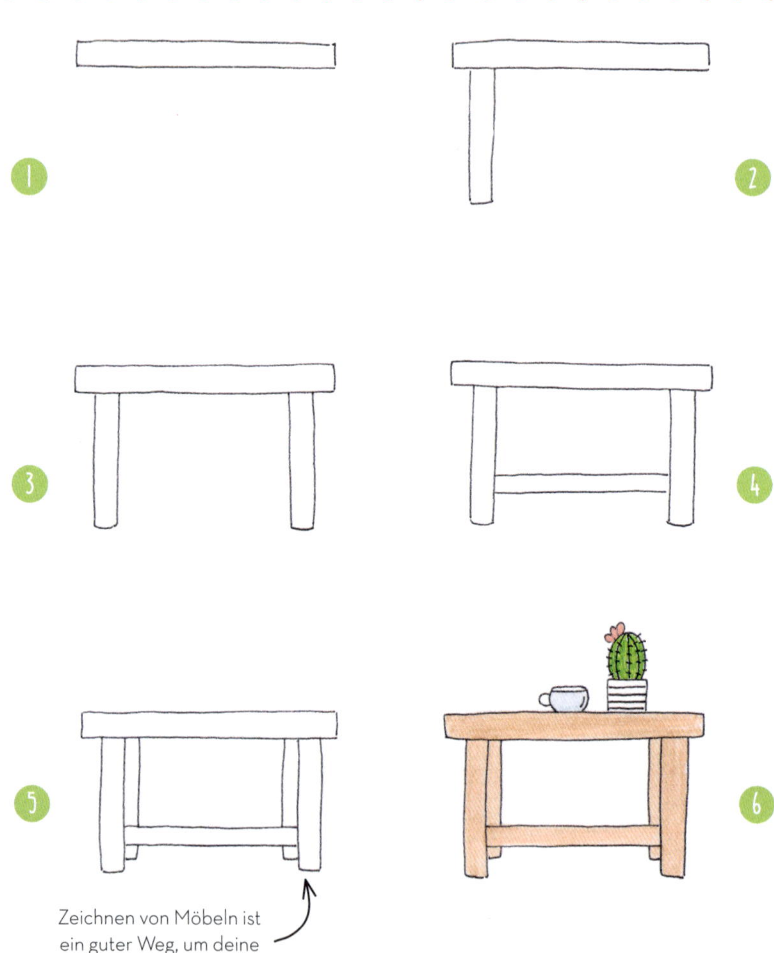

Zeichnen von Möbeln ist ein guter Weg, um deine Linien zu perfektionieren.

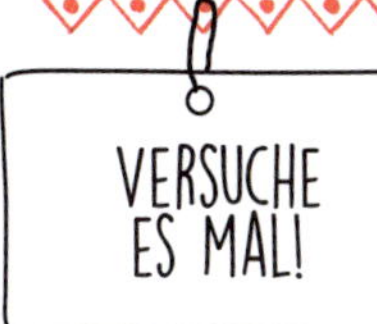

EIN BISSCHEN POLITUR!

Viele Möbelstücke lassen sich mit nur wenigen geraden Linien zeichnen, so dass dies eine gute Möglichkeit ist, deine Zeichenkünste aufzupolieren. Probiere es aus, wann immer du ein paar Minuten Zeit hast.

TEESTUNDE

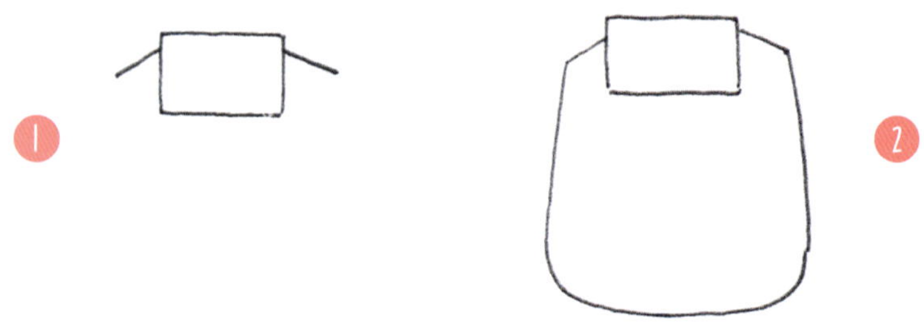

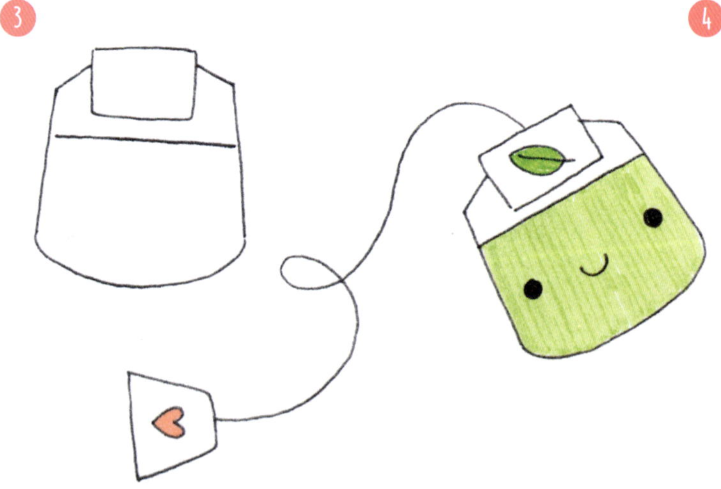

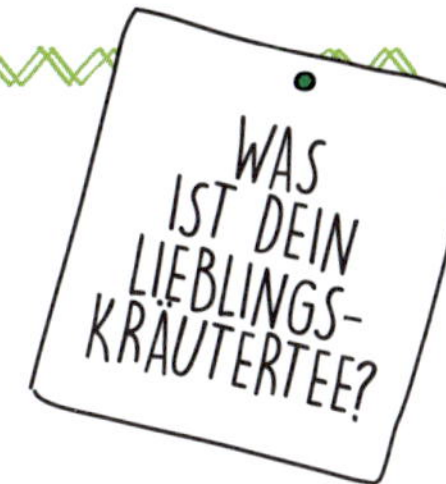

TEA FOR TWO ...

Zeichne das Geschirr für eine Teeparty und gib jedem Teil – Tasse und Untertasse, Teekanne, Milchkännchen und Schale mit Zuckerwürfeln – einen eigenen Ausdruck.

HANDWERKSZEUG

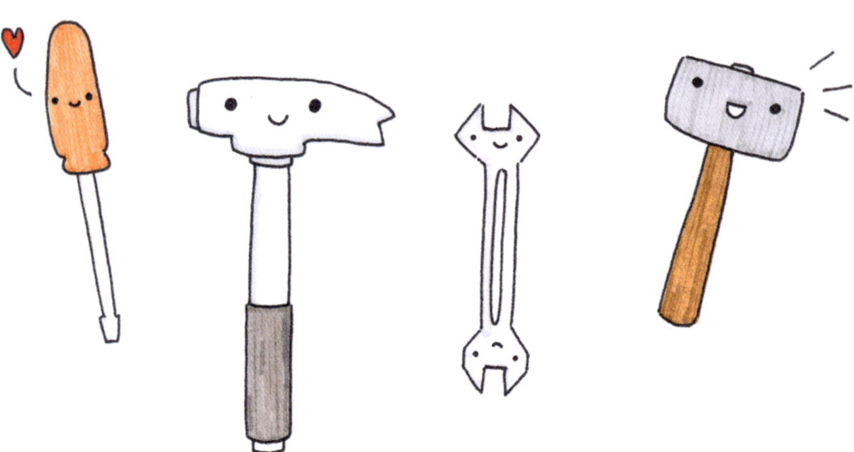

FÜR HEIMWERKER

Entstaube deine alten Hämmer und Meißel und lasse dich von ihnen zu einer ganzen Reihe handlicher Helfer inspirieren – Du wirst den Nagel auf den Kopf treffen!

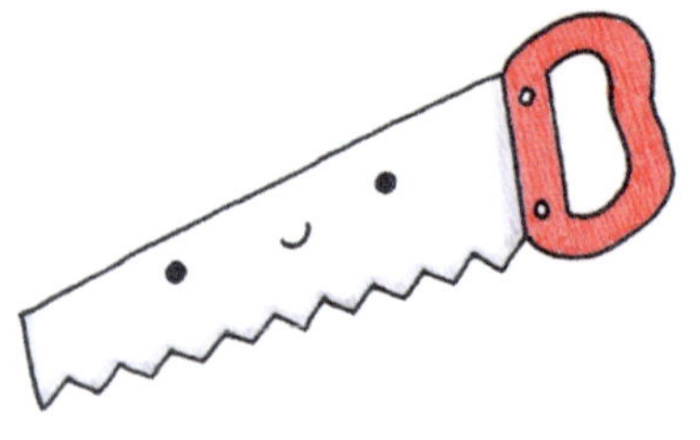

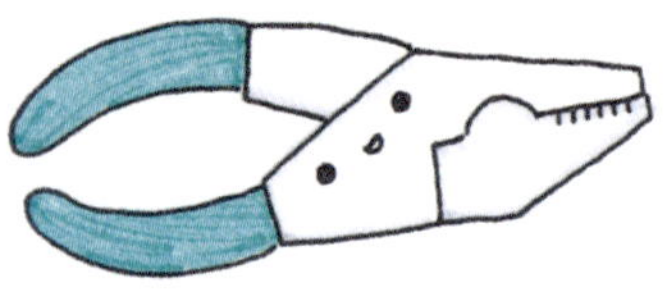

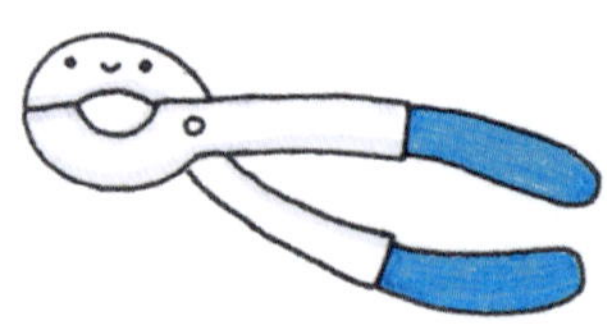

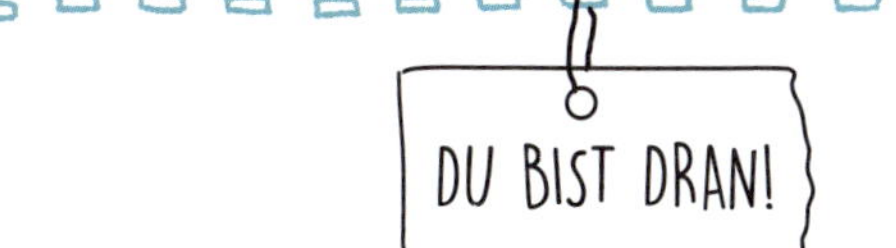

FREUNDLICHE GESICHTER

Gib deinen Werkzeugen freundliche Gesichter. Hoffentlich werden sie einen Tag lang zum Heimwerken im Haus anregen!

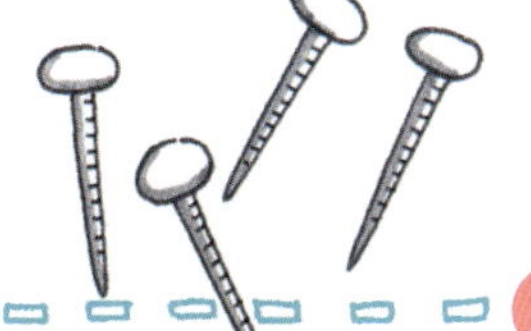

WASCHMASCHINE

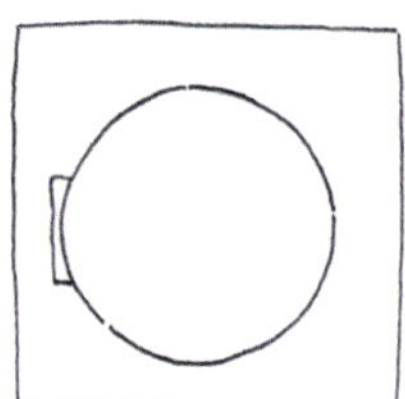

2

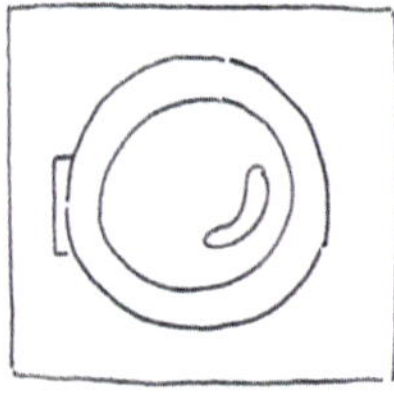

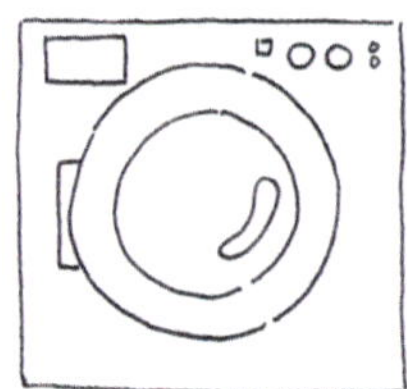

4

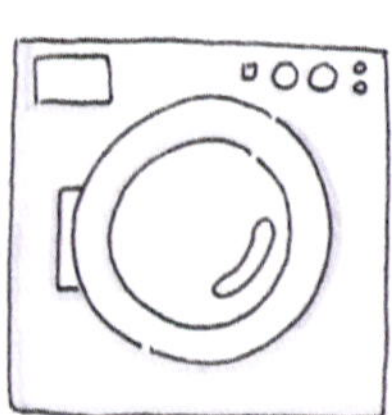

ALLES IM SCHLEUDERGANG!

Der Wäschetag muss kein totaler Reinfall sein! Während du darauf wartest, dass deine Wäsche aufhört zu schleudern, kannst du die Zeit nutzen, um deine Waschmaschine, deinen Trockner und andere Haushaltsgeräte zu zeichnen. Für ein Vintage-Gefühl könntest du sogar eine alte handgekurbelte Wäschemangel zeichnen!

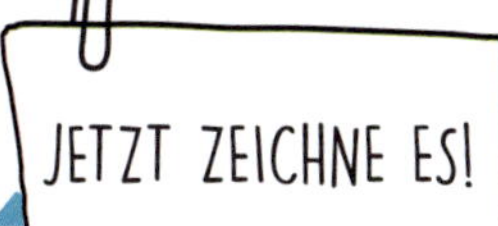

BEI JEDEM WETTER

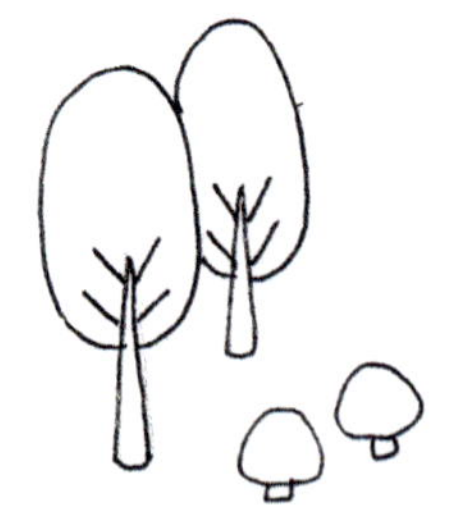

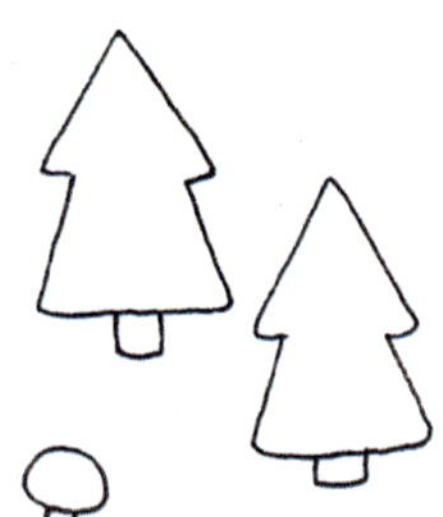

DU BIST DRAN!

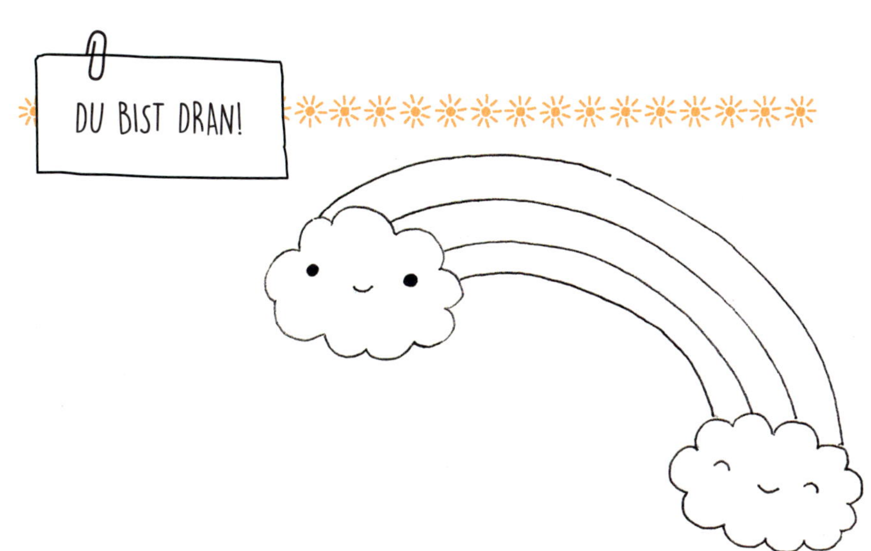

OB REGEN ODER SONNENSCHEIN ...

Lächelnde Sonnen, Wolken, die Regen sprühen oder über den Himmel geblasen werden, Blitze, bunte Regenbogen ... Schau dir die Symbole auf Wetterkarten an, um einige Ideen für deine meteorologischen Zeichnungen zu bekommen.

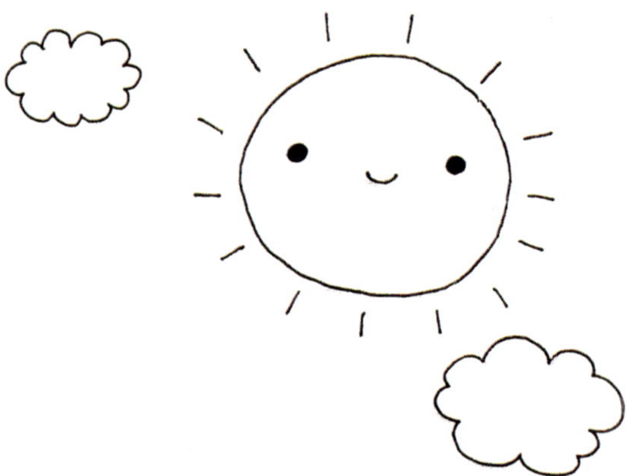

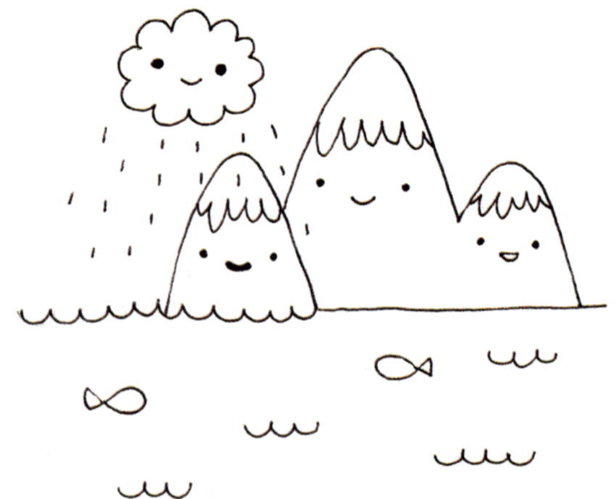

VORHERSAGE

Wie ist das Wetter heute bei dir?

FITNESS

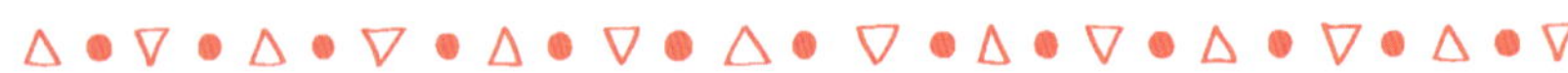

1 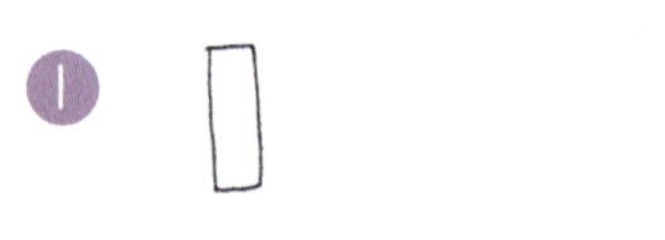

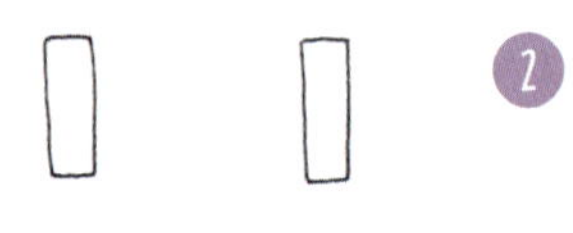 2

3 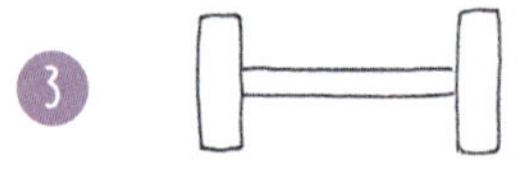

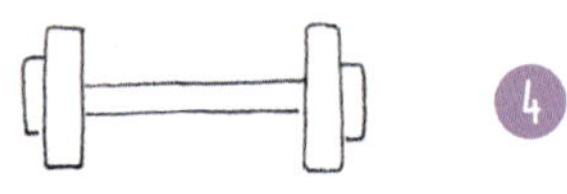 4

5 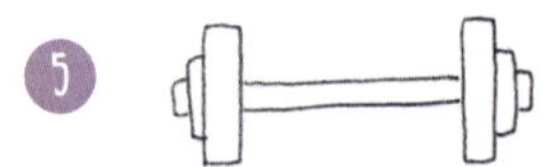

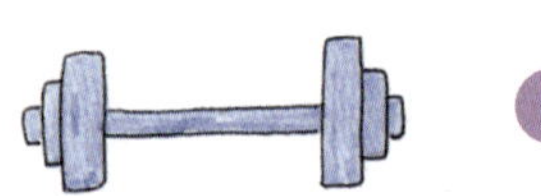 6

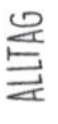

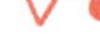

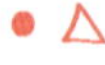

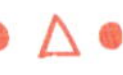
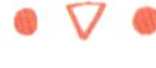

VERSUCHE ES SELBST!

GEWICHTIGE ANGELEGENHEITEN

Pause – Während du dich von deinem Training ausruhst, zeichnest du die großen und kleinen Gewichte und die Fitnessbälle. Es ist einfach und braucht kaum Energie.

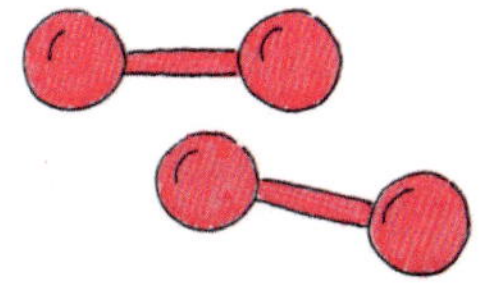

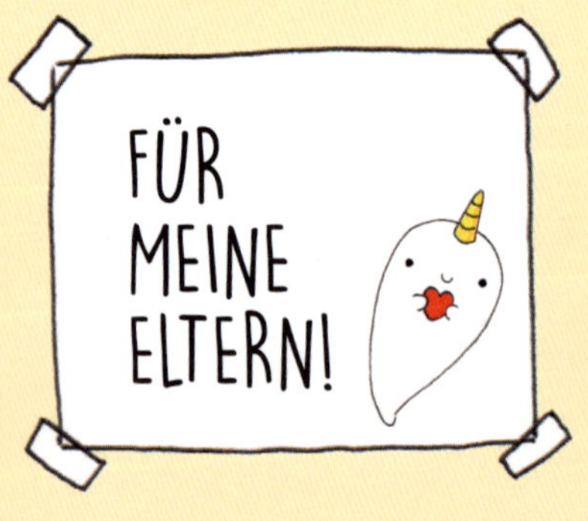
FÜR
MEINE
ELTERN!